LA VERITE DERRIERE LES Sourires

Refoulement, L'Assassin Silencieux.
Comment Trouver **l'Espoir**, Ne Jamais
Laisser Tomber et Cultiver la **Résistance**.

Mélissa-Sue Methven

LA VERITE DERRIERE LES *Sourires*

Droits d'Auteur 2024 par Melissa-Sue Methven

Pour demander des permissions, veillez contacter l'éditeur:
publish@joapublishing.com

Photo de la couverture frontale par Click Photography
Photo à l'arrière par Kimmie Carter avec FotoMesStudios

Couverture rigide ISBN: 978-1-967575-30-5
Livre de poche ISBN: 978-1-967575-29-9
E-Book ISBN: 978-1-967575-31-2

Imprimé aux Etats-Unis

Je dédie ce livre à mes enfants,
Sophia et Mateas, qui ont été ma plus
profonde inspiration.
Ils sont un cadeau de Dieu et ils
remplissent mon cœur de joie.

En mémoire de l'Amour pour mon
mari, Scott Allen Methven,
qui nous a laissé trop tôt mais qui ne
sera jamais oublié,

Nous T'Aimons.

Table Des Matieres

Reconaissance

J'exprimes mes remerciements les plus sincères à ma mère. Tu as toujours cru en moi, m'a toujours supportée et guidée avec ton Amour inconditionnel et ta Lumière. Tu t'es dédié pour nous supporter les enfants et moi lorsque nous avions le plus besoin de toi. Merci d'avoir déménagé d'Osoyoos, BC au Canada afin de venir vivre avec nous après la mort de Scott. Merci de d'être occupé des enfants lors de mon aventure de cinq jours où j'ai écrit la première copie de ce livre et après, durant les heures et les heures où j'ai travaillé inlassablement pour terminer ce projet. Ma mère est ma meilleure amie et je n'aurais pas pu mener à bien ce livre sans son aide.

A mes enfants, Sophia et Mateas, merci de votre Amour et pour être mes raisons pour ce livre. Merci pour avoir compris l'importance de ce message et pour m'avoir permis de trouver le temps afin de l'écrire.

Keira Brinton, ma coach en écriture et mon publieur, merci d'avoir tourné la clé qui a déverrouillé un nouveau monde pour moi. Tu as cru en moi et en mon message dès notre première rencontre. Je vais toujours chérir la plus magique des aventures littéraires avec Keira de Mill Valley, en Californie.

Francine Laliberté Launier, mon éditrice qui a de manière experte et de tout son cœur ressentit l'Âme de mon livre, tu es un vrai ange qui était due pour éditer ce livre.

Mindy Peterman, qui a fait la dernière correction et m'a aidé à terminer dans mon délai prévu. Ce fut une joie de travailler avec Mindy et ces bons mots d'encouragement.

De plus, beaucoup d'amis et de membres de ma famille m'ont apporté leur confiance, leurs conseils, et leur support. Vos encouragements m'ont tenu en haleine et m'ont donné le courage nécessaire pour écrire ce livre. Vos messages continuels et vos prières m'ont donné la force dont j'avais besoin.

Mais spécialement, je suis reconnaissante à la Force Spirituelle qui se trouve en chacun de nous.

Remerciements et Reconnaissance

Un immense merci à Francine Laliberté Launier pour avoir traduit ce livre en français avec tant de soin, de sensibilité et d'amour. Grâce à toi, mon message pourra désormais toucher le cœur des francophones et apporter lumière et espoir à encore plus d'âmes.

Ce projet a été rendu encore plus spécial par la participation de trois membres très chers de ma famille comme éditeurs.

Mon grand-père, Guy St-Cyr, âgé de 96 ans au moment de la révision du livre, est une source infinie d'inspiration. Sa foi inébranlable en Dieu, son amour pour la famille et sa sagesse de vie m'accompagnent chaque jour. Auteur et éditeur de ses propres livres, il continue de danser la danse latine trois à quatre fois par semaine — un exemple vivant de vitalité, de joie et de grâce. J'espère vieillir avec la même lumière, la même passion et la même qualité de vie que lui.

Ma tante Marlène Fortin, avec son intelligence brillante et son immense cœur, a pris le temps de relire et d'éditer mon livre avec précision, générosité et bienveillance. Son soutien et sa confiance signifient beaucoup pour moi.

Et ma mère, qui brille plus fort que quiconque, a également contribué à l'édition de ce livre. Elle suit la lumière de Dieu dans chacune de ses décisions, et sa foi, sa douceur et son amour inconditionnel illuminent ma vie.

Mon Grand-Pere, Guy St-Cyr, age 96

Reconnaissance particulière

Ma gratitude la plus profonde s'adresse à ma mère. Maman, tu as toujours cru en moi, m'as soutenue et guidée avec un amour et une lumière inconditionnels. Tu t'es entièrement dévouée à moi et aux enfants quand nous en avions le plus besoin. Merci d'avoir quitté Osoyoos, C.-B., Canada, pour venir vivre avec nous après le décès de Scott, et d'avoir pris soin de mes enfants pendant que je partais pour mon aventure d'écriture de cinq jours, puis durant les innombrables heures passées à travailler sans relâche sur ce livre. Tu es ma plus grande admiratrice, et je n'aurais jamais pu accomplir l'écriture de ce livre sans ton aide précieuse et ta présence aimante.

À mes enfants, Sophia et Mateas, merci pour votre amour et pour être ma raison d'être, mon « pourquoi » derrière ce livre. Merci d'avoir compris l'importance de ce message et de m'avoir permis de trouver l'espace nécessaire pour écrire.

À Keira Brinton, mon coach d'écriture et mon éditrice, merci d'avoir tourné la clé qui a ouvert un nouveau monde pour moi. Tu as cru en moi et en mon message dès notre première rencontre. Je chérirai à jamais notre aventure d'écriture magique à Mill Valley, Californie.

Enfin, je veux exprimer ma reconnaissance à tous les amis et membres de ma famille qui m'ont offert confiance, guidance et soutien tout au long de ce parcours. Votre encouragement a nourri ma flamme et m'a donné le courage d'aller au bout de ce livre. Vos messages constants et vos prières m'ont apporté la force dont j'avais besoin.

Je me sens profondément bénie d'être entourée d'autant d'amour, de lumière et de foi.

Avec tout mon amour et ma gratitude,

Mélissa-Sue Methven

Preface

J'écris ce livre avec amour et gratitude pour vous, le lecteur. Si vous lisez ceci, vous avez probablement ressentit la même noirceur et une peine semblable à la mienne. Si c'est vous, alors nous partageons les mêmes difficultés. Si vous êtes ici pour comprendre comment vivre loin des ténèbres qui couvrent la lumière, c'est mon espoir et mon intention que l'authenticité de mon histoire vous aidera à découvrir votre vérité d'une façon, qu'à un moment de ma vie, j'étais incapable de traiter avec ma propre vérité.

La Noirceur fait partie de notre expérience humaine et acquérir les outils pour vaincre ces ténèbres peut aider à sauver des vies. Mon désir est qu'en lisant ce livre, des graines de foi seront ensemencées en vous, pour qu'un jour lorsque vous vous sentirez seul et isolé, vous puissiez trouver l'espoir. Notre expérience avec la Noirceur est une étape cruciale pour notre expansion spirituelle et notre période d'apprentissage sur la terre.

Tout ce que je partage avec vous sont mes observations et mes idées personnelles, ce que je tiens pour ma vérité. Si quelque chose dans ces pages ne résonne pas avec vous, je vous invite à laisser aller et à continuer à lire. J'écris ce livre en tant qu'amie qui partage sa propre expérience. Merci d'être à l'écoute et j'espère que ceci vous aidera et sera rempli de ressources pour vous.

Mon chemin pour écrire cette histoire fut, de temps à autre, non-guidé et embrouillé et à d'autre moments, motivé par une intervention Divine. Cet appel Divin, m'a amené à une maison aux faites des arbres à Mill Valley en Californie, inspirée à partager mon histoire de refoulement, la perte de mon mari par suicide, les efforts pour élever mes enfants toute seule après sa mort, mon épopée dans le domaine de la dentisterie et comment, même dans les moments les plus sombres, je fus capable de trouver la joie.

Pour accéder à la maison dans les arbres, qui donne l'impression de flotter au-dessus d'une forêt dense, il faut descendre un escalier d'un angle assez aigu. A l'intérieur les fenêtres s'étalaient du plancher jusqu'au plafond donnant sur une vue étourdissante : le paysage était abondamment couvert par des arbres somptueux et un ciel bleu mur- à -mur. La décoration dans cette maison était purement divine avec des éléments naturels, des cristaux, des plumes et des tapis en peluche. Un sanctuaire, et l'environnement parfait pour écrire mon livre. C'était tellement beau, confortable et avec une vue calme et sereine. Je me sentais complètement protégée par la nature qui m'entourait. J'ai aussi eu la visite de trois belles coccinelles un matin lorsque j'écrivais.

Dans ce livre je référerai à toutes les choses pertinentes au Divin et à Dieu, mais vous pouvez le nommer comme bon vous semble, ce qui vous rend confortable. Ceci n'est pas un bouquin religieux. Je souhaite que vous vous sentiez en sécurité et par la même occasion je souhaite que vous honoriez ce qui résonne en tant que vérité pour moi. Je crois que nous parlons de la même chose. Que ce soit Dieu, la Source, l'Univers ou l'Amour, nous ressentons Son Energy qui nous pousse dans des directions guidées et, si nous écoutons vraiment ses directions, des portes s'ouvriront.

C'est exactement ce qui m'est arrivé: je me suis sentie poussé à écrire ce livre et, par le fait même, dirigé sur des sentiers nouveaux où j'ai rencontré des personnes influentes. A chaque nouvelle route qui s'ouvrait, je sentais l'Energie Divine m'envahir.

Alors je me suis engagé à écrire ce livre même si j'appréhendais les jugements, la honte, la culpabilité et que j'avais peur que la noirceur vienne détruire ma famille. Je ne renierai pas ce que je sais. Ma foi est plus forte que mes peurs et j'ai confiance que Dieu nous protègera.

Je rêve que mes enfants vont se servir de ce bouquin comme guide pour les aider à vaincre l'ombre et qu'ils sachent qu'ils peuvent se sortir de n'importe quelles situations dans lesquelles ils se sentiront coincés. Mon désir est que ce livre rejoindra tous et chacun. J'espère qu'il vous rencontrera dans les endroits où vous vous sentez le plus vulnérable et que vous y trouverez l'Amour- L'Amour que je ressens pour chaque être humain, et spécialement ceux qui se débattent dans l'ombre.

Je vous invite à vous appuyer sur Dieu ou l'Univers ou tout autre croyance que vous avez et à prier afin d'être guidé. Permettez-vous de croire pleinement et de persévérer à travers la résistance. **Vous ne pouvez échapper à la noirceur alors, mieux vaut apprendre à vivre avec et surtout à la conquérir.**

Si de temps à autres je semble me répéter, c'est que les mêmes évènements ont de l'importance à différentes phases de ce livre.

Je sais que Dieu a marché avec moi parce que j'ai rencontré tellement de miracles sur mon chemin pour ne jamais douter de Lui.

L'intuition forte qui m'a propulsé de l'avant m'a prouvé que Dieu existe et qu'il me connait bien.

Je vous envoie mon Amour et ma Lumière pour ce trajet que vous ferez avec moi et durant lequel je vous raconterai mon histoire.

Avec Amour,

Mélissa

SECTION 1

L'HISTOIRE

Chapitre 1

Ma Vérité

J'ai vécu une vie de refoulement.

C'était toujours là. Le refoulement a débuté lorsque je n'étais qu'une enfant, puis il m'a suivi dans mon mariage, en tant que mère, et avec des amis. Lorsque j'ai pris conscience de mon refoulement, partout où je regardais il était là, comme une ombre persistante qui peinturait mes journées de noir. Ce refoulement s'est manifesté sous forme d'un cyste dans mon sein, un autre cyste sur une de mes cordes vocales, reflux acidiques sévères, fatigue, perte de cheveux, solitude, anxiété, et colère.

Je me sentais coincée. J'étais coincée.

Tout au long de ma vie on m'a éduquée à ignorer ma vérité. On me disait de sourire, de cacher ma peine et de rester tranquille.

Mais plus maintenant.

Maintenant je parle.

Ce livre est ma vérité.

Je parle de ma vérité pour qu'à leurs tours, mes enfants parlent de leur propre vérité et qu'ils comprennent que vivre un mensonge est rendre un mauvais service à leurs âmes. Je veux qu'ils vivent une vie d'expression. Ceci vient de mon cœur et j'aimerais inspirer d'autres gens à vivre par leur vérité personnelle sans avoir peur d'être jugé ou de glisser dans le doute. Comprenez bien que vous n'êtes pas tout seul.

En lisant, vous réaliserez qu'il y a beaucoup de gens qui vivent dans leurs mensonges. Actuellement, la plupart le sont.

Lorsque vous commencerez à parler de votre vérité, votre liberté libèrera des gens autour de vous. Nous pouvons s'encourager les uns les autres à y voir plus clair, à sortir de l'illusion et la seule façon de le faire est de déclarer notre vérité personnelle. Le refoulement vous détruira corps et âme. C'est une maladie qui court à travers nos générations, nos amis et nos voisins.

Dans un effort pour me débarrasser du refoulement, je prends le premier pas en révélant qui je suis sans aucune crainte.

Le refoulement peut vous faire sentir coincé, à l'écart. Les peurs sont profondes et l'inquiétude de ne pas pouvoir s'en sortir est un lourd fardeau à porter, mais il y a une porte de sortie pour chacun de nous. Ce ne sera pas facile, mais le travail acharné vous apportera la liberté que vous désirez.

Vous deviendrez libre. Libre du fardeau du refoulement. Libre de votre solitude, des doutes, de la rage et de la honte. Vous trouverez la paix. Vous trouverez la joie. Vous expérimenterez la lumière même après les orages les plus sombres.

Je suis ici pour vous dire que même avec la mort de mon mari Scott, par suicide, la perte occasionnée par une action en justice, et les répercussions de ces évènements horrifiques, nous -mes enfants et moi- avons tout de même trouvé de la joie. Le bonheur peut encore faire surface et l'expression après le refoulement vous conduira à une liberté totale.

Chapitre 2

Laissez-Moi Vous Parler de Scott...

C'était tellement facile, la première fois que j'ai rencontré Scott. J'étais invitée sur une péniche dans la Valley de l'Okanagan en Colombie Britannique. Scott arriva un matin, élégant, charismatique, arborant un sourire éclatant. Il mesurait 6'4 '', avec de beaux yeux verts, des cheveux bruns pales et les épaules larges. Il y avait beaucoup de monde sur la péniche mais, tous les deux, nous avons pris plaisir à parler toute la journée à l'avant du bateau. Nous avons échangé notre amour mutuel pour la musique et la vie en plein air. Scott rêvait d'ouvrir sa propre clinique dentaire. Nous avons ressenti une forte attraction l'un envers l'autre. Tout, au début, était excitant. C'était tellement facile. Nous avions les mêmes amis et les mêmes intérêts. Il y avait beaucoup de chimie entre nous.

Après ce jour-là, Scott et moi sommes resté amis durant plusieurs années. C'était facile de demeurer en contact puisque nous avions des amis mutuels et bougions dans des cercles similaires. Scott visitait souvent ses meilleurs amis au BC où je demeurais. Il avait déménagé du Michigan en Alaska, après ses cours en dentisterie, afin de poursuivre sa carrière comme dentiste. Après quelques années comme associé, une opportunité d'ouvrir une clinique dentaire à Wassila en Alaska se présenta pour lui. Durant ces années, je travaillais comme hôtesse de l'air pour une compagnie aérienne privée.

En juin 2005, mon horaire m'amena en Alaska pour une semaine et Scott fut la personne que j'appelai. Nous avons fait des plans et avant que je réalise, il passa me prendre à quatre heures du matin par cette belle journée ensoleillée en Alaska, ce coin du pays où le soleil brille 24 heures par jour en été. Nous avons pêcher toute la journée sur un bateau semi-privé. Nous étions conscients de la chimie entre nous et d'autres passagers aussi l'ont remarqué. « Êtes-vous certains que vous n'êtes que des amis? » une personne amicale demanda sur le bateau. Après ce voyage, les choses se sont accélérées. Parce que j'étais hôtesse de l'air, il m'était facile de faire la navette entre l'Alaska et la Colombie Britannique. Après quelques années à faire la navette, je décidai de poursuivre une carrière dans l'hygiène dentaire.

Scott était un grand gaillard et parfois je sentais comme s'il y avait un jeune garçon coincé à l'intérieur de ce corps massif. Même si je n'ai pas toutes les réponses sur ce que Scott ressentait, je sais qu'il était déconnecté d'une partie de lui-même qui n'avait jamais connu l'amour : cette minime partie isolée, comme n'importe quel petit garçon, qui veut seulement être aimé. Il démontrait cette partie de lui-même par sa générosité et il avait une façon magnifique d'aimer les autres. Mais cela ne comblait pas ce vide qu'il ressentait à tous les jours.

Il évitait la peine qu'il ressentait et c'est ce qui l'amena finalement à sa mort. Son dicton était : « Engourdissons-nous et Continuons de l'avant. » Vous ne rencontrerez jamais Scott personnellement, mais à travers ses histoires j'aimerais que vous sachiez qui il était au cas où vous reconnaitriez quelque chose de vous-même ou d'un être cher en lui.

Ceci est mon histoire; la vie de Scott et sa mort en sont une grande partie. Après tout, Scott ne faisait que ce qui lui avait été enseigné. Lorsqu'il était un jeune garçon, il n'avait pas été éduqué à gérer ses émotions. Il ne savait que ce qui lui avait été enseigné. Il était un homme des plus généreux et tous et chacun étaient ses amis. Il était fort et apprécié par tous les gens qui le rencontraient. Scott était enjoué et aimait raconter des blagues. Il avait une façon bien à lui de me faire rire. Son rêve d'avoir une grande famille a été réalisé. Il aimait notre famille et il m'aimait.

La mort de Scott a créé une série d'ondulations qui ont rejoint des milliers de gens.

Une vie magnifique a quitté cette terre et il ne sera jamais oublié.

Chapitre 3

Les Sourires qui Cachent la Vérité

Scott et moi nous sommes vraiment amusés lorsque nous travaillions ensemble. Des regards langoureux et échanges charmeurs devant les employés donnaient un vernis d'Amour. Mon hilarité à sa vivacité d'esprit était le baume pour la peine que je ressentais. Scott avait un très grand sens de l'humour et savait comment faire rire tout le monde avec ses sarcasmes et il semblait avoir mémorisé toutes sortes de blagues. Il aimait lorsque je travaillais à la clinique. Personne ne se doutait que les rôles de « Mari et Femme en Amour » que nous jouions constamment étaient en fait le mensonge de la réalité de notre relation à la maison.

Lorsque nous rencontrions des amis, je pouvais m'échapper de la réalité de notre relation. J'étalais mon sourire soigneusement orchestré et, ensemble, Scott et moi pouvions planner des aventures les plus excitantes. Sous mon sourire, je cachais la peine qui bouillonnait au plus profond de moi.

Je refusais de gâcher l'énergie vibrante avec mes histoires négatives sur notre vie maritale.

J'étais tellement bonne à jouer ce rôle que j'enseignais à mes enfants comment prétendre à leur tour. Nous sourions tous et continuions parce que c'était tout ce que nous connaissions. Vraiment, tous les jours n'étaient pas mauvais. Les bonnes journées, par contre, étaient sporadiques et amenaient des distractions contre la peine que nous ressentions.

A chaque fois qu'une bonne journée apparaissait, nous nous y accrochions, la serrant très fort entre nos mains, en espérant qu'elle ne nous laisse jamais. Ces jours, bâtis comme des châteaux de sable, s'échappaient entre nos doigts lorsque nous les serrions trop fort, laissant derrière la poussière de ce qui aurait pu devenir de l'espoir.

Dernièrement, lorsque j'ai revisité nos photos et vidéos, les émotions de ces moments engravés m'ont envahie et l'énormité de la situation dans laquelle nous nous trouvions en ce temps-là est devenu clair comme du Crystal. Maintenant, je voie plus loin que les masques de peine.

Les jours où je prétendais sont disparus. Plus de voiles. Plus de belles dents blanches et bien alignées afin de me distraire de la peine enfouie profondément où personne ne peut la voir et où personne ne s'en apercevra. Seulement la vérité demeure et se relève dans les contrecoups du tremblement de terre qui a bousculé nos vies. La maison de rêves que Scott et moi avions bâtie -élever nos enfants et vieillir ensemble- fut détruite dans ce bouleversement. Les décombres laissés derrière ne sont que des souvenirs et des morceaux déchiquetés de notre passé. Après avoir nettoyé toutes les pièces éparpillées de la vie que nous avions construite ensemble, je me suis retrouvé au milieu et j'ai réalisé que tout ce qui en restait n'était que la vérité.

Mon histoire contient la belle et la bête. Je ne retiendrai aucune des parties de ma vérité. Je les partage avec vous en espérant que vous trouverez une guérison dans ces pages. Il y a toujours un rayon de lumière dans la noirceur.

Je vais toujours chérir les moments heureux, spécialement les bons jours où Scott nous faisait rire avec son incroyable sens de l'humour. Il avait un talent pour les blagues, spécialement avec nos enfants, Sophia et Mateas. Les enfants me demandent souvent de leur conter des blagues, comme leur père le faisait, mais je ne suis pas super à cela et la plupart du temps je dois les Googler.

Alors, maintenant, ce sont mes enfants qui me racontent les blagues et cela nous rappelle notre Scott tant aimé.

Durant mes week-ends avec les filles, lorsque je contactais Scott, ça voulait dire recevoir des messages ridiculement drôles venant de lui; il avait le don de nous faire éclater de rire. Il avait le tour de projeter de la joie dans nos vies.

Nous chérissions aller à la pêche avec Scott car c'était là où il était le plus heureux. Dans ces moments-là, il paraissait en paix, véritablement submergé dans sa passion. C'était comme s'il débordait de calme, spécialement lorsque j'attrapais un poisson. Il était fier de moi et resplendissait de joie.

Scott jouait souvent de la guitare à la maison et était vraiment talentueux. Nous nous assoyions dans le salon, chantions et dansions en cœur avec lui. Comme nous avions la même passion pour la musique, nous avons souvent planifié des excursions aux festivals de musique. Lorsque nous nous trouvions à ces festivals, c'était comme si nous retournions au week-end où nous nous sommes rencontrés. On riait, dansait, chantait et rencontrait beaucoup de nouveaux amis. Nous aimions rencontrer des gens qui pensaient comme nous. Scott était très sociable et pouvait parler de n'importe quel sujet. Il était charismatique et avait l'esprit vif sur tous les sujets. Ces souvenirs plaisants m'ont beaucoup aidé à traverser les moments difficiles. C'était le Scott que je connaissais dans sa vérité. Scott était aimable, généreux, intelligent et drôle. Je me sentais en sécurité avec lui. Il donnait les meilleurs câlins et les sourires les plus chauds. Parce qu'il était très grand, je pouvais le trouver partout dans n'importe quel endroit et je savais qu'il pouvait garder un œil sur moi si jamais j'avais eu besoin de lui.

Un de mes souvenirs les plus cher est quand Scott avait acheté un kit de science pour pratiquer avec Mateas sachant combien notre fils aimait ça. Regarder Scott s'engager dans ces activités avec les enfants, spécialement Mateas, augmentait mon amour pour lui.

C'était la dynamique familiale dont je rêvais. L'enthousiasme de Scott pour la pêche a aussi laissé un impact sur Mateas qui, à son tour, partage la même passion.

Scott et moi aimions créer des feux de camp dans la cour, écouter de la musique et regarder les enfants jouer dehors. Ces souvenirs tiennent une place très spéciale dans nos cœurs, spécialement durant les jours difficiles,

Notre serre, là ou Scott m'a enseigné le jardinage, était un autre passe-temps que l'on partageait. Nous avions, tous les deux, une passion pour une vie remplie d'œufs de nos poules et des fruits et légumes cultivés à la maison. Élevé nos enfants entourés de la nature était quelque chose que l'on chérissait tous les deux. Parce qu'il connaissait mon amour pour la plage et le soleil, Scott planifiait souvent des vacances au soleil pour notre famille.

Les journées n'étaient pas toujours mauvaises. Il y avait de très beaux moments soutenus dans le contenant de peine. J'aimais Scott profondément. La beauté et la peine étaient tenues ensemble par l'amour que nous partagions.

Chapitre 4

Tubas et Soleil

Lundi, le **7 mars, 2022**, fut la journée où tout a commencé à se désagréger. Nous étions à notre condo à Hawaï pour accompagner le père de Scott, qui était à son dernier stage dans sa lutte contre un cancer des poumons. Nous nous étions réunis avec la famille afin de passer ses derniers jours avec lui. Cependant, après seulement une semaine, son père décida qu'il voulait passer ses derniers jours dans sa maison de Dundee en Oregon. Il s'ennuyait de son chien, Boo, et voulait être à ses côtés pour une dernière fois. En famille, nous avons fait les arrangements pour que ses désirs se réalisent. J'ai loué un réservoir d'oxygène extra pour son vol entre Maui et l'Oregon. Nous avons appelé les pompiers pour qu'ils viennent aider à transporter mon beau-père de son condo du deuxième étage jusqu'à l'auto. Les membres de la famille ont pris des billets avec leur père pour l'Oregon. Mais pas nous. Scott ne voulait pas y aller. Mon désir était d'aller avec eux sur ce vol aérien où j'aurais pu être d'assistance et donner mon support. A ce moment-là je ne pouvais pas comprendre pourquoi Scott ne voulait pas y aller jusqu'à ce que je réalise que c'était trop difficile pour lui. C'était trop pour lui de voir son père lutter dans ses derniers jours. Lorsque l'heure arriva où son père devait partir, Scott dû lui faire ses adieux émouvants pour la dernière fois. Nous savions que lorsque l'avion s'envolerait, ce serait la dernière fois qu'on le verrait. Son cancer s'était rependu et le docteur nous avait annoncé qu'il n'avait que quelques jours à vivre.

Le destin décida, que cette même journée serait laquelle où Scott apprendrait qu'il avait perdu son action en justice qui s'était échelonnée sur une durée de sept ans. Cette bataille avait eu main prise sur la vie de Scott. La dispute qu'il avait défendue chaque jour pendant sept ans se termina en une fin tragique.

Mardi, 8 Mars jusqu'à Mercredi, 9 Mars,2022

Ce matin en particulier semblait différent. Scott se réveilla avec une énergie inhabituelle et plein d'excitement. Il me dit qu'il avait décidé d'aller visiter nos amis à Lanai, Hawaï. Promptement, il réserva les billets sur le ferry pour le lendemain. Sophia et Mateas étaient enchantés de voir ce changement positif d'énergie. Ils étaient particulièrement excités de voir leurs amis, nos voisins en Alaska et aussi avec qui ils allaient à l'école. Naturellement, c'était un cadeau pour eux de passer la journée à la plage.

Nos amis suggérèrent une journée de plongée avec tuba à Hulopo'e Bay pour notre visite. Le lendemain, Mercredi 9 Mars, remplie d'expectations, nous nous sommes levés tôt et conduit jusqu'au ferry de L'Haina près de l'arbre Banyan. Après l'embarquement, nous sommes allés dehors à l'avant du bateau, prêt pour l'aventure de cette belle journée.

Nous avons pris un moment afin d'admirer la beauté d'Hawaï et le sillage des vagues. Nous avons vu des baleines et des dauphins sauter hors de l'eau. La beauté d'Hawaï nous apporta de la joie et du calme dans nos cœurs. Hawaï a toujours été un endroit propice pour notre guérison. En un rien de temps, nous arrivions au port de Lanai ou nos amis nous attendaient avec des grands sourires et leur bienvenue. C'était le sentiment véridique d'Ohana.

Nos amis nous ont conduit à la plage Hulopo'e où ils avaient préalablement installé des hamacs et des chaises pour la journée. Je me souviens avoir regardé Scott et de l'avoir remercié de nous avoir amenés en sachant qu'il n'était pas un fan de la plage. Il n'avait jamais pris plaisir à s'assoir au soleil. Il me regarda avec ses beaux yeux et me répondit qu'il s'amusait bien lui aussi.

Je l'entendis parler avec nos amis, son ton de voix et son énergie me donnèrent de l'espoir. C'était comme voir le Scott dont je me souvenais. Pour plus d'un an, je n'avais pu reconnaitre mon mari; il était devenu un homme complètement différent – presqu'un inconnu- de celui que j'avais marié. Je pensais qu'il avait finalement reconnu l'amour qui l'entourait et que nous, en tant que famille serions heureux. Je croyais sincèrement que puisque l'action en justice était terminée, il pourrait maintenant s'occuper avec des choses qu'il aimait vraiment. Comme nous relaxions sur nos chaises de plage, l'espoir enveloppa mon cœur. Je voyais la joie dans ses yeux et cela me donnait de l'assurance.

Nous avons décidé d'aller nager sous l'eau avec nos tubas. Scott choisi de porter seulement ses lunettes de plongée sans le tuba. Il pouvait retenir son souffle longtemps et était un excellent nageur. Il pouvait plonger au fond de l'océan et ramené du sable, ou il pointait à la vie marine pour que les enfants viennent voir. Nous avons passé beaucoup de temps à admirer les plus belles variétés de poissons : perroquets de mer, trompettes de mer, poissons-papillon-citron, soies

15

jaunes, Idoles Maures, et plusieurs autres. Nous étions tous en admiration devant la beauté qui vit dans l'océan.

Après avoir nagé et joué dans la mer pendant des heures, nous sommes retournés sur la plage et là, nos amis nous ont cuit un très bon BBQ. Sophia et Mateas jouaient avec leurs amis et riaient très fort. Scott et moi avons marché, main dans la main, dans la marée. Nous ne nous étions pas tenu la main depuis un bon bout de temps. Cela faisait du bien. Nous avons exploré la baie et admiré des crabes Bernard l'Hermite, des Concombres et des étoiles de mer. J'étais remplie de joie. Je voyais Scott redevenir lui-même et cela m'apporta du soulagement.

A la fin de cette magnifique journée, nous avons emballé nos affaires et prit le traversier de cinq heures pour L'Haina. Du haut du traversier, nous avons envoyé des gestes d'au revoir à nos amis. Tout le monde était souriant et heureux de cette journée bénite. Scott me regarda et me dit qu'il voulait commencer à lire des livres de thérapie sur le mariage avec moi. Il suggéra que lorsque nous serions de retour à la maison, en Alaska, que nous pourrions lire un chapitre par jour. Scott avait toujours refusé d'aller en assistance maritale mais avait acheté plusieurs livres sur le sujet de solidifier le mariage. Je sentis encore l'espoir m'envahir. Même si je savais que nous avions besoin de beaucoup plus que quelques livres, ceci était un commencement pour la guérison dont nous avions grandement besoin. Je savais aussi que Scott devrait aller dans un centre de réhabilitation pour ses addictions afin que notre mariage puisse vraiment guérir, mais j'étais reconnaissante pour sa bonne volonté à entreprendre quelque chose avec moi.

De retour à notre condo ce soir-là, j'ai préparé un souper au steak. Les mémoires de cette belle journée étaient toutes fraiches dans nos cœurs. Scott avait l'air content, il s'est assis à la table et a mangé… jusqu'à ce qu'il prenne son téléphone et lu plusieurs messages à propos du procès. A ce moment, il réalisa qu'il n'avait plus aucun espoir pour que sa vérité émerge. C'était finalisé.

Immédiatement, son comportement changea et la noirceur réapparue. Pendant que les enfants et moi dormions, cette nuit-là, Scott resta éveillé. Toute la nuit, je l'entendis se lever fréquemment, pendant que je m'éveillais et me rendormais. Mon attention étant focussée sur lui, je me demandais qu'est-ce qu'il faisait dans notre chambre meublée de deux lits Queen-size.

Je me souviens qu'à un moment donné il m'a demandé les clés pour la garde-robe où nous gardions nos effets personnels chaque fois que nous partions et louions le condo à d'autres voyageurs. J'ai trouvé cela bizarre, puisque c'était déjà débarré et ce n'était pas nécessaire de me déranger avec une telle demande à une heure du matin. Je lui répondis que les clés étaient dans ma valise et je me suis rendormie. Je ne pense pas que Scott a dormi cette nuit-là.

Le lendemain matin, il était encore au téléphone et il semblait couvert par les ténèbres. J'ai reconnu cette noirceur; elle était visible dans ses yeux. J'assumai que c'était de la frustration et de la colère d'avoir perdu la cause et aussi du règlement financier attaché à cette perte. C'était ce que je croyais que cette noirceur représentait : de la colère causée par cette situation légale. Scott mentionna qu'il devait assister à une session privée de Jiu-jitsu avec son professeur préféré de L'Haina. Connaissant sa passion pour ce sport, et voulant le soutenir je l'ai encouragé comme à l'habitude. Il prenait grand plaisir dans cet art martial et il aimait aussi regarder le combat ultime pour le championnat avec ses amis.

Je lui ai dit que j'allais amener les enfants à la plage jusqu'à ce qu'il revienne.

Avertissement de Declanchement

Attention lecteurs:

Le chapitre suivant contient du matériel que certains lecteurs pourraient trouver pénible ou provoquer un déclanchement. Les sujets adressés dans ce chapitre incluent:

- **Suicide et mortalité**

S'il vous plait, procédez avec prudence et prenez soin de votre bien-être mental et émotionnel. Si vous vous sentez inconfortable ou avez besoin de support, considérez de passer par-dessus ce chapitre ou demandez de l'aide d'un individu en qui vous pouvez avoir confiance ou d'un professionnel de la santé mentale.

Chapitre 5

L'au Revoir Que je n'aurais Jamais pu Imaginer

Jeudi, 10 Mars, 2022

C'était le matin, les enfants et moi avions une pleine journée de soleil devant nous. J'ai emballé notre sac de plage et appliqué de la lotion solaire sur mon fils de 6 ans et ma fille de 8 ans; leurs peaux pâles devinrent encore plus pâles à cause des traces de lotion que j'étalais si soigneusement sur leurs petits corps. Nous avons dit notre rituel bye-bye à Scott : « On t'aime! » Nous lui avons aussi dit de se reposer et de bien s'amuser à sa session de Jiujitsu un peu plus tard dans la journée. Nous sommes sortis du Condo et avons descendu l'escalier pour notre marche de cinq minutes à la plage Kaanapali, une marche que nous avions prise des centaines de fois. Je me suis assise sur ma serviette et j'ai relaxé tout en regardant les enfants courir vers l'océan pour nager. Ils aiment nager dans la mer et plonger directement dans les vagues. Je souriais en écoutant leurs rires et leur joie. Plus tard, ils m'ont rejoint et se sont assis près de moi pour bâtir un château de sable entouré d'un fossé. De les voir jouer ensemble rempli mon cœur d'amour. Tout était si beau et parfait.

Soudainement, venant de nulle part, je fus frappée par un Tsunami de tristesse qui envahit mon cœur. Je savais que cette tristesse venait de mon mari. Je pouvais sentir la peine qu'il ressentait à ce moment précis.

Cette semaine avait été tellement lourde d'émotions. Seulement trois jours auparavant, il avait dû faire ses adieux finals à son père et avait perdu son procès. Avec cette tristesse qui envahissait mon cœur et une lourdeur couvrant mon corps, j'ai vivement pris mon téléphone et texté un message court pour Scott : *Je veux te remercier pour la belle journée que nous avons passée hier et je veux que tu saches que nous t'aimons beaucoup.*

Il a répondu : *Ne venez pas en haut et appelles Sécurité.*

J'ai paniqué lorsque j'ai lu ces mots et j'ai répondu rapidement : *Scott ne te fais pas de mal, nous t'aimons et je m'en viens avec les enfants.* Je pensais qu'en lui disant que je venais avec les enfants qu'il ne ferait rien pour se blesser.

C'était la première fois qu'il appelait pour de l'aide. Il n'avait jamais mentionné avoir des idées de suicide. Je lui avais souvent demandé avant et il m'avait toujours réassuré qu'il ne se débattait pas avec des idées de suicide. Il répondait plutôt, « *Je ne suis pas dépressif, je suis seulement triste que mon père est malade et que le procès est si difficile.* » Il insistait toujours qu'il était correct et, plus important, qu'il était en contrôle.

J'ai dit aux enfants que nous devions partir tout de suite parce que papa était triste et que nous devions aller l'aider. A ma grande surprise, sans hésitation, ils coururent et nous avons rapidement monté les marches qui menaient à notre condo.

Je n'avais pas appelé sécurité car je savais combien de temps cela prendrait pour recevoir de l'aide. Je savais que j'étais plus vite que n'importe quel garde de sécurité et mon instinct me disait de courir vite.

Clés en main, j'ai regardé les enfants dans les yeux et leurs ai dit de demeurer dans le couloir. J'ai pris une grande respiration et demandé à Dieu de me protéger pour ce que je pourrais voir à l'intérieur.

J'ai ouvert la porte et me suis tourné à gauche vers la chambre et c'est là que j'ai vu mon mari. A ce moment-là ma vie a changé. Mon cœur semblait s'être arrêté, ma gorge s'est resserrée, mon cerveau refusait de croire ce que je voyais. J'avais espéré que nous serions à temps et que nous pourrions sauver Scott.

Je ressortis vite pour trouver mes enfants et j'ai appelé 911. Mes mains tremblaient. Mes enfants ressentaient ma peur et mon stress et se demandaient ce qui était arrivé à leur père. Je ne sais pas comment, mais je pouvais quand même parler et j'ai vitement répondu qu'il avait été blessé.

Je ne voulais pas que les enfants entendent ce qui était vraiment arrivé, alors je me suis éloigné dans le couloir où j'ai pu parler à l'Opérateur du 911. Pendant que je disais à l'opérateur tout ce que j'avais vu, j'ai réalisé que je voulais retourner et commencer le CPR sur Scott. J'ai avisé l'opérateur que je retournais dans la chambre. Elle me dit ok pour retourner mais de la garder sur la ligne. J'ai dit aux enfants, encore une fois, d'attendre à l'extérieur et que j'allais aider papa. Ils ont agréé et je suis entré dans le condo.

J'ai détaché Scott et commencé le CPR. Cela faisait seulement 6 à 9 minutes depuis le texto qu'il m'avait envoyé. Je croyais qu'il y avait une chance de le sauver. Je n'aurais pas pu vivre avec moi-même si je n'essayais pas.

Je me souviens d'avoir tâtonné avec mes mains en essayant de le détacher. Le nœud était si serré et j'avais si peu de force pour le défaire mais, finalement je fus capable de le libérer et je le couchai sur le plancher. J'ai cherché pour son pouls mais il n'y en avait pas.

Alors, j'ai commencé le CPR jusqu'à ce que les ambulanciers arrivent. J'étais surprise et reconnaissante de les voir arriver si vite. A la seconde où ils ont pris possession de la situation, j'ai couru retrouver mes enfants. Je leurs ai donné de gros câlins. Tous les trois nous pleurions et tremblions.

Soudainement, je ressentis le besoin de m'enfuir de cet endroit. Mon cœur me guidait à amener mes petits loin de là. Je savais qu'ils n'avaient pas besoin de voir leur père transporté sur une civière dans l'état où il se trouvait. J'ai pris leurs mains et nous avons marché en vitesse vers la hutte de la plage où je connaissais un des employés du condominium. Puisque cela faisait des années que nous venions ici pour nos vacances, il était devenu comme un membre de la famille pour nous. Il était tout ce que j'avais pour l'instant. Toute la famille était repartie pour l'Oregon pour être avec le père de Scott durant ses derniers jours à combattre son cancer.

Tranquillement, j'ai raconté à cet employé ce qui venait de se passer et je lui ai demandé s'il pourrait demeurer avec les enfants pour que je puisse parler avec les ambulanciers et à la police au cas où ils m'appelleraient. Il a dit oui gentiment et est resté avec nous pendant que nous nous sommes assis sur la pelouse tout près de la hutte. Nous sommes restés assis pour ce qui nous parut des jours, en attendant des nouvelles.

J'ai appelé ma belle-mère afin de partager la nouvelle la plus terrifiante de ma vie. Elle était tout près de son mari, le père de Scott qui n'avait que quelques jours à vivre. Ça lui a donné un coup et j'ai entendu son chagrin. C'était une nouvelle paralysante et j'allais être obligée de l'annoncer à tous et chacun. Je me souviens avoir pensé que tout cela n'était qu'un mauvais rêve mais, à ce moment-là, j'ai aperçu deux policiers qui venaient dans notre direction. A premier abord, j'étais soulagée en pensant qu'ils me donneraient des bonnes nouvelles à savoir comment Scott allait. Je gardais encore l'espoir que nous pourrions le sauver.

Contrairement, ils m'ont dit qu'ils ne pouvaient me laisser seule car ce cas était maintenant sous investigation. Il fallait que je sois interrogée par un détective.

Je ne pouvais pas les croire. Je venais tout juste d'être témoin de la scène la plus horrifique de ma vie et, quelques minutes plus tard, j'étais sous *investigation*. Ils m'ont demandé si je m'étais chamaillé avec mon mari. J'ai répondu *Non*. Je leurs ai donné mon téléphone pour leur montrer les textos que nous avions échangés juste avant l'évènement. Rien ne faisait du sens. Mon monde entier venait de chavirer. J'étais sous le choc et je tremblais énormément.

Je me suis assise et j'ai attendu avec mes enfants. Quelques autres employés du condominium sont venus pour nous aider ou juste pour s'assoir avec nous. Ils parlaient avec les enfants et étaient supers pour les consoler. Je regardais les autres touristes et sentis qu'ils se demandaient ce qui se passait. Ils devaient se demander pourquoi il y avait deux grands policiers debout à nos côtés. C'était un sentiment très inconfortable à assumer en plus de ce que je venais de vivre dans notre condo.

Finalement, après 30 à 40 minutes, quelqu'un vint me dire que j'étais demandée dans le hall d'entrée. Ils avaient des questions pour moi. J'ai laissé mes enfants avec le personnel et un ami, puis me suis dirigée vers le hall d'entrée. C'est là que j'ai vu mon mari sur la civière et j'ai demandé pourquoi il n'était pas déjà à l'hôpital. Les ambulanciers m'ont assuré qu'il respirait et qu'ils l'amenaient à l'hôpital pour plus de tests. J'étais soulagée et je pensais réellement l'avoir sauvé. Ce serait le commencement de sa réhabilitation. Il pourrait finalement accepter de l'aide et nous serions là, à ses côtés, tout au long de sa guérison.

Les ambulanciers me demandèrent si je voulais aller à l'hôpital. Les enfants en bas de 12 ans n'avaient pas la permission de visiter le département des traumatismes, alors j'ai répondu non, sachant très bien que mes enfants avaient besoin de moi à ce moment-là. Je ne voulais pas être loin d'eux trop longtemps. L'hôpital se trouvait à une bonne heure de route; les enfants étaient traumatisés, confus et tristes. Ils avaient besoin de leur mère. Les ambulanciers m'assurèrent qu'ils allaient m'appeler aussitôt qu'ils recevraient les résultats des tests. Émue, j'ai approuvé et les ai regardé partir avec Scott dans l'ambulance.

Comme ils partaient, j'ai remarqué que tous les regards étaient sur moi. Regardant alentour, j'ai reconnu une amie chère qui vit à Maui, elle se tenait debout dans le hall d'entrée.

Elle s'est dirigée vers moi et m'a prise dans ses bras. Je me suis sentie enveloppée dans son confort et finalement, j'ai ressenti une paix pour un court instant.

Lorsque je rejoignis Sophia et Mateas, je leur ai expliqué que j'étais optimiste que tout irait bien. Il y avait beaucoup d'appels téléphoniques à faire et j'ai fait de mon mieux pour me rappeler tous les gens que je devais contacter. Mon cerveau ne fonctionnait pas très bien, c'était comme si ma mémoire faisait défaut. Soudainement, je me suis rappelé un couple d'amis, Carol et Barry, qui vivaient à Maui durant les mois d'hiver. Ces amis étaient comme de la famille pour nous, alors je les ai appelés pour venir m'aider. Je n'étais plus seule et mes enfants auraient ces amis pour s'occuper d'eux. Carol et Barry ont amené Sophia et Mateas à leur condo.

Peu après on m'a dit qu'il était temps pour moi de rencontrer le détective. Parce que je n'avais rien à cacher, j'ai répondu à chaque question sans nervosité. Après une heure de questions, le détective me laissa savoir que ce n'était plus une investigation, ce qui m'apporta un soulagement profond qui m'envahit toute entière.

Il était presque 6 heures du soir lorsque quelqu'un m'appela de l'hôpital pour me dire que je devais venir immédiatement. J'expliquai à mes amis où je devais me rendre et que je devais partir tout de suite. Mon amie Shirley m'a dit, « Non, tu ne peux pas conduire, je t'amène ». Je me sentais bien, mais évidemment, Shirley pouvait voir que j'étais sous le choc et que je n'étais pas en état de conduire. Je 'n'aime pas déranger les gens ou demander de l'aide, mais finalement j'ai accepté de la laisser conduire.

L'expérience à l'hôpital était la même que pendant Covid. Tout le monde devait porter un masque et seulement quelques personnes pouvaient entrer à la fois. Je me souviens de m'avoir senti étouffée parce que j'hyperventilais et pleurais tout en portant le masque.

Nous avons marché vers le centre des traumas et un docteur est venu nous rencontrer dans le hall d'entrée. Il s'est assis près de moi et m'a expliqué que les tests démontraient que mon mari était100% mort cérébralement. Aucun de ses organes ne fonctionnaient à part sa respiration car c'est la dernière chose qui s'éteint quand quelqu'un meurt. Il le tenait en vie avec des machines mais ses chances de récupérer ne pourraient être qu'avec l'assistance de ces machines.

On m'a donné la permission d'aller le voir dans sa chambre. Je me suis levé pour traverser les portes centrales du centre des traumas, Shirley m'a suivi. Tout en marchant dans le couloir, nous avons vu d'autres patients branchés sur des machines, se battant pour leurs vies dans leurs chambres antiseptiques. Lorsque finalement nous sommes arrivées à la chambre de Scott, je suis entrée et fut extrêmement choquée de le voir branché à tout cet équipement médical. Je l'ai enlacé et j'ai posé ma tête sur sa poitrine. Je lui ai dit que je l'aimais, que j'étais désolée qu'il souffre de cette façon et que je lui pardonnais. Je lui ai aussi demandé de protéger et guider nos enfants parce qu'ils ne comprendraient pas pourquoi il nous avait laissés et qu'ils souffriraient toujours d'avoir perdu leur père.

Une garde me demanda si je voulais que quelqu'un vienne prier avec nous. J'ai répondu *Oui*. L'aumônière est venue dans la chambre et s'est placée de l'autre côté du lit, face à moi. Lorsqu'elle a commencé à prier, j'ai placé une de mes mains sur la tête de Scott et l'autre sur son cœur. Comme nous priions, une larme qui doucement glissé sur sa joue. Nous nous sommes regardées avec stupéfaction. A cause de mes croyances, je savais que l'âme de Scott était présente et nous écoutait. Ceci réaffirma pour moi, que même si les médecins disaient qu'il n'avait plus aucun de ses sens, il pouvait encore m'entendre. Je ressentis qu'il avait enfin vu Jésus Christ et qu'il croyait. Je sais dans mon cœur que ceci est vrai. Ceci restera toujours un des plus tendres moments passés avec Scott.

Il se faisait tard et j'étais anxieuse de retourner avec mes enfants. Lorsque je suis arrivé à l'hôtel où notre condo se trouvait, le manager me tendit les clés du condo de mes beaux-parents, qui était vacant pour l'instant. Je suis allé chercher Sophia et Mateas et nous avons marché au condo. J'étais très reconnaissante pour nos amis qui avaient pris soin des enfants lorsque j'avais dû m'absenter pendant des heures. Ils les avaient amenés pour une crème glacée, jouer des jeux avec eux, et créer une atmosphère d'amour autour d'eux.

Ce soir-là, les enfants étaient en état de choc et avaient beaucoup de questions. Je leur dis que ça ne regardait pas très bien pour leur père. Mon cœur saignait et je n'avais pas de mots qui pourraient guérir leur peine. Tout ce que je pouvais faire était de les serrer dans mes bras. Nous nous sommes allongés dans le lit ensemble et avons parlé jusqu'à minuit. Nous ne pouvions pas dormir. Les enfants demandèrent si nous pourrions écouter un film. J'ai dit *Oui* et nous avons regardé un film des plus colorés, *Rio*. Nous avons aimé ce film et ce fut une distraction superbe durant ce temps difficile. Le film se termina à 2 heures du matin et je dis aux enfants que nous devions nous reposer car nous étions tous épuisés.

Les deux petits se sont endormis dans mes bras. Je ne pouvais pas dormir, je sanglotais tranquillement en tenant mes enfants sur mon cœur. Comme je les regardais dormir, tout à coup Sophia fut soulevée par une force invisible. Elle se leva et émît un son comme si elle prenait une grande respiration, puis à lever ses bras grands ouverts vers le haut. J'ai continué à regarder en silence, abasourdie et incapable de bouger. Je savais dans mon âme que Scott était venu pour un câlin. Les mains de Sophia tremblaient puis elle s'est gentiment recouchée dans mes bras. Un petit peu plus tard, Mateas s'est assis et a placé ses mains en l'air comme si, lui aussi, recevait un câlin. Encore une fois, je n'ai pas bougé et j'ai juste regardé avec stupeur. Je croyais déjà en Dieu, aux anges, et aux âmes réincarnées, mais assister à cela avec mes propres yeux, réaffirma mes convictions. Je savais que Scott était avec nous.

Vendredi, 11 Mars, 2022

Lorsque le soleil se leva, les enfants se réveillèrent et je me sentais flottée dans un cauchemar. Personne n'avait faim. J'ai demandé aux enfants s'ils se souvenaient de quelque chose qui se serait produit durant la nuit, mais les deux dirent que non.

Sur le balcon, nous avons regardé la beauté grandiose de l'océan en se laissant bercer par le son des vagues qui venaient rouler sur la rive. Les oiseaux chantaient et nous sentions les fragrances des fleurs. Nous ne voulions pas sortir de la chambre mais je devais aller ramasser nos effets personnels à notre condo où Scott s'était enlevé la vie.

Je ne voulais pas laisser mes enfants mais il n'y avait pas d'autre option. Sophia m'a regardé avec conviction. « Je dois aller avec toi. » Sans le mentionner, elle désirait retourner sur le lieu du crime. Elle avait posé beaucoup de questions sur ce qui était arrivé à son père et elle était convaincue qu'il y avait du sang et possiblement quelque chose de brisé. Je n'avais pas permis aux enfants d'entrer dans le condo et elle pensait que quelqu'un avait blessé son père. Je pouvais voir à quel point cela était important pour elle. J'ai accepté, sachant qu'elle avait besoin de me croire quand je lui disais : « P*as de sang, rien de brisé* ».

Comme nous marchions vers le condo, j'anticipait que peut-être quelque chose pourrait lui faire peur. Je doutais de ma décision. Peut-être aurais-je dû vérifier avant.

J'ai déverrouillé la porte et nous sommes entré. J'ai regardé vers la cuisine, puis j'ai tourné le coin et regardé dans la salle de bain, là où ça s'était passé. Je fus soulagée qu'il n'y avait aucun signe. Sophia aussi était soulagée de voir que je lui avais dit la vérité.

Elle entra dans la chambre et regarda la valise de son père, ses vêtements, l'endroit où il avait dormi. Elle prit son oreiller et le senti. Elle pouvait sentir l'odeur de son père et demanda si elle pouvait garder cet oreiller. *Bien sûr*, je lui répondis. Puis, elle ramassa un de ses T-shirt noir et le mis sur elle. C'était surréaliste. Nous étions sous le choc et incrédules de l'avoir perdu si brusquement.

Plus tard, je devais me rendre à l'hôpital et parler avec le docteur. Ma mère avait pris un vol du Canada pour être avec nous et elle arriva dans l'après-midi. Elle put rester avec les enfants pendant que j'allais visiter Scott. J'étais soulagée qu'elle était là pour s'occuper de nous tous.

Shirley dit qu'elle m'accompagnerait encore et nous nous sommes rendues à l'hôpital. Le docteur m'a rencontré encore une fois, et nous avons discuté des tests qu'ils avaient l'intention d'effectuer ce jour-là. Ils m'ont donné une heure à passer avec Scott.

A chaque fois que je devais traverser ses portes, je sentais une grande résistance. C'était traumatique et j'avais peur. Je n'aimais pas ce qui se présentait devant moi. Voir Scott de cette façon était vraiment difficile et je remercie Dieu que nos enfants n'ont pas eu à le voir comme cela. Ils gardent les beaux souvenirs de lui lorsqu'il avait plongé à Lanai. Je me suis allongée à côté de Scott et lui ai parlé.

Shirley était avec moi et était devenu mon ancre. Je suis encore en admiration devant sa force et sa volonté d'être avec nous dans cette chambre. Je l'avais toujours connue comme une femme forte et intelligente. Elle était exactement celle que j'avais besoin à mes côtés durant cette phase pénible.

Samedi, 12 Mars, 2022

Plusieurs m'ont offert de venir nous rejoindre par avion, mais je ne savais pas ce dont nous avions besoin. Tout ce que je voulais était d'avoir mes enfants près de moi et de pleurer.

Je pensais comment il serait impossible de faire disparaitre leur peine. Ils ne méritaient pas ce drame immense qui les a traumatisés au plus profond de leurs âmes.

Je n'avais pas dormi depuis quelques jours. J'avais déjà informé ma famille immédiate. Je pouvais à peine parler sans pleurer. Je pouvais à peine parler. Je devais *trouver* du temps pour appeler les gens, mais mon objectif principal était d'être là pour mes enfants. J'attendais que Sophia et Mateas dorment avant d'appeler qui que ce soit ou j'envoyais des textos. Qui veut annoncer une nouvelle semblable par texto? Mais, parfois, c'était ma réalité.

Personne ne voulait aller dehors, mais je savais que demeurer à l'intérieur et regarder des films n'était pas une solution. J'ai dit aux enfants d'aller mettre leurs costumes de bain et nous sommes allé à la piscine.

Je regardais autour de nous, les gens souriaient en profitant de leurs vacances et la beauté de Maui. Je me sentais dans un autre monde, encore une fois flottant dans mon cauchemar. Je me suis demandé, *Est-ce que c'est cela une dépression?*

Je me suis baignée avec les enfants et reconnut que nous étions tous les trois dans un état méditatif. Nous avons calmé nos esprits et cela nous a libéré. Les enfants ont souri sous l'eau et ça m'a donné de l'espoir.

Une fois encore, Shirley m'a conduite à l'hôpital où le docteur m'a expliqué que je devrais commencer à penser à ce que je voulais faire à propos de garder Scott sous l'assistance des machines. Il me dit que le processus pour débrancher mon mari pouvait être planifié pour le lendemain. Je ne me sentais pas confortable de prendre une telle décision seule et j'ai dit au docteur que je devais appeler la mère et la belle-mère de Scott.

Un peu plus tard, on m'a introduite à un coordinateur pour la donation d'organes; il m'a demandé quels médicaments Scott prenait. Il m'a expliqué que la dose d'antidépresseurs que Scott prenait était forte et que si Scott ne les prenait pas régulièrement, cela pourrait expliquer ses fluctuations d'humeur. Lorsque le coordinateur fut parti, je m'allongeai une fois de plus avec Scott pour lui parler.

Dans la soirée, j'ai appelé des membres de la famille et leurs ai demandé ce qu'ils pensaient que je devrais faire. Tous étaient d'accord que ce n'était pas comment Scott voulait vivre : mort-cérébrale et tenu en vie par des machines. Je ne pouvais pas dormir et redoutais d'assister au processus le lendemain, mais je savais bien que d'enlever mon mari de sur les machines demeurait la meilleure option.

Dimanche, 13 Mars, 2022

On m'avait dit de me rendre à l'hôpital pour 11 heures du matin afin de commencer le processus. A 10 heures, Shirley et moi avons pris la route. A 10.13, mon cellulaire a sonné et le docteur m'informa que Scott venait de mourir par lui-même. Un sentiment incroyable de soulagement m'a parcouru. Je ne voulais pas être près de lui lorsqu'ils auraient débranché les machines. J'avais eu si peur. Cela était un gros poids d'enlevé de sur mes épaules.

Lorsque nous sommes entrées dans la chambre, j'ai aussitôt remarqué un changement significatif sur les traits de Scott. Sa peau était pâle et tombante. Ils me donnèrent de l'espace et du temps pour être seule avec lui. Je lui ai fait jouer sa chanson favorite *The Cure, 'Lovesong'* puis je lui ai fait mes adieux. Sortir de cet hôpital fut le sentiment le plus étrange. Était-ce ma réalité ou un cauchemar? Je devais retourner avec mes enfants et leur dire que leur père était mort et qu'il ne reviendrait jamais.

Lorsque j'arrivai au condo, je l'ai annoncé aux enfants. Nous avons pleuré et nous nous sommes enlacés. Comment expliquer le suicide à des enfants de 6 et 8 ans? L'hôpital avait suggéré d'utiliser l'analogie « maladie cérébrale ». J'aimais cette analogie parce qu'elle était vraie. C'était la vérité et ils méritaient la vérité.

Un peu plus tard, je leur ai dit, « Allons à la plage pour courir dans l'océan. » Ils aimèrent cette idée. Cela semblait une bonne échappatoire pour nous tous contre notre peine immense. Ma mère nous accompagna.

Nos amis nous ont rencontré sur la plage. Nous avons couru dans l'océan en se tenant par la main et nous avons plongé sous l'eau pour écouter les chants des baleines. C'était un de nos rituels favoris.

C'était tellement calme sous l'eau. Mateas s'est sorti la tête de l'eau et m'a dit, « Maman, si papa est mort parce qu'il était triste de perdre son père, maintenant je veux mourir car j'ai perdu le mien ». C'était comme avoir reçu un coup de couteau dans le cœur. Je l'ai aussitôt pris dans mes bras et répondu, « Non, ce n'est pas de cette façon que tu dois réagir avec la tristesse. Dieu t'aime et je t'aime avec tout mon cœur! »

Ceci est une des raisons primordiales pourquoi je recherche tous les outils disponibles contre les maladies mentales. Je veux lire et apprendre des autres qui ont sombré dans les ténèbres et qui en sont sortis. Qu'est-ce qu'ils ont fait de différent? J'ai besoin d'apprendre afin d'enseigner à mes enfants et changer la lignée générationnelle de suicide dans la famille. Cela doit s'arrêter maintenant et je dédie ma vie à lutter pour sensibiliser les gens à la santé mentale.

Lundi, 14 Mars, 2022

Je me sentais paralysée sur la marche à suivre. Je n'avais pas dormi depuis le 10 Mars. J'étais consciente que je devais écrire des messages à tous pour les informer de la mort de Scott. Je devais aussi écrire une eulogie. J'ai beaucoup pleuré avec les enfants en essayant de répondre à leurs questions du mieux que je pouvais. Les enfants savaient que papa avait été triste et ils avaient été témoins de ses difficultés. Il y avait de la compréhension mais s'était vraiment trop pour nous tous. Nous étions maintenant tous tristes juste comme papa. Nous avons regardé des films pour nous évader de la pénible réalité. Je m'assurais que nous allions dehors pour nager. Je savais que demeurer à l'intérieur ne nous bénéficierait pas. Je ne me voulais pas sortir du lit, mais je l'ai fait. J'étais engourdie et sous le choc.

Puis la question surgie : Quand devrions-nous retourner en Alaska? Je redoutais de retourner chez nous sans Scott, entrer dans notre maison sans lui, me forcerait à facer ma nouvelle réalité sans mon partenaire. J'ai figé et je n'ai pas réservé de vol.

Mardi, 15 Mars, 2022

Il était 3 heures du matin, lorsque j'ai commencé à écrire mon message pour la page Facebook de notre clinique dentaire.

Ceci était ma nouvelle réalité et je devais assumer mes responsabilités pleinement. Ce poids me paraissait très lourd mais, quelques fois, surtout aux petites heures du matin, je recevais des vagues d'énergie.

Plus tard, ce matin-là, une très bonne amie m'appela pour me demander si elle pouvait m'aider à réserver nos vols de retour. Normalement, j'aurais refusé en disant que tout était sous contrôle, mais cette fois-ci, je me suis sentie soulagée qu'elle m'offre de le faire à ma place car c'était ce que je redoutais le plus : rentrer à la maison. Avec l'aide de son mari, elle réserva nos billets pour l'Alaska pour le 17 Mars. Il était important de retourner chez nous pour le bien des enfants. Ils avaient besoin d'être entourés de leurs amis et de retourner à l'école.

Mercredi, 16 Mars, 2022

La chose la plus difficile à faire après la mort de quelqu'un, c'est de fouiller dans leurs affaires. Lorsque nous avons commencé à faire nos valises, les enfants voulaient amener tout ce qui avait appartenu à leur père et ne rien jeter. Ma mère est demeurée avec les enfants pendant que je me suis rendu à notre condo pour emballer nos affaires. J'ai pris la valise de Scott et ramassé ses vêtements qui se trouvaient dans les tiroirs et les garde-robes. Je pouvais le sentir et ne pouvais pas croire qu'il n'était plus là. J'ai ramassé une chemise qu'il avait porté et l'amena à mon nez afin de la sentir. Son odeur m'a donné l'impression qu'il était encore là près de moi. Les larmes me coulaient sur les joues et je me suis mise à pleurer très fort. Je n'avais pas la force de terminer sa valise; c'était trop difficile. Je me suis allongée sur le lit et j'ai continué à pleurer.

Après quelques minutes, j'ai pris une grande respiration et me suis levé en me disant que je pouvais le faire. J'ai mis de la musique parce que cela a toujours été thérapeutique pour moi. J'empaquetai tout son attirail de jiujitsu parce que c'était quelque chose qu'il avait tant aimé et je savais qu'un jour les enfants me demanderaient de le voir. J'ai regardé dans son sac de voyage où se trouvait une douzaine de bouteilles de pilules et deux larges couteaux à jointures. J'ai alors appelé un ami qui est chef de pompiers et lui ai demandé comment disposer de ces effets. Je ne voulais pas les amenés à la maison. Finalement, je fus capable de les donner au détective qui m'avait interrogée.

J'ai regardé autour en sachant bien que Scott ne reviendrait jamais à notre beau condo de Maui. C'était un endroit que nous aimions visiter avec notre famille et nos amis. Ma mère et mon beau-père avaient redécoré ce condo pour Scott et son frère qui l'avaient acheté quelques années avant que notre mariage. Nous venions au moins deux fois par année afin d'échapper aux hivers longs et sombres de l'Alaska. Tous les joyeux souvenirs de cette place étaient terminés. Ce ne serait plus jamais notre escapade paradisiaque. J'ai verrouillé les garde-robes et me suis allongé encore une fois, je me sentais complètement vidée. Plus tard, j'ai emballé la guitare de Scott, son sac de voyage et bouclé sa valise. J'ai sorti du condo et me suis senti soulagée d'avoir terminé cette tâche.

Jeudi, 17 Mars, 2022

Ce matin, ma mère nous a tous aidé à se préparer pour se rendre à l'aéroport. Elle s'envolait avec nous pour l'Alaska. Sophia et Mateas étaient excités de retourner voir leurs amis. Pendant que nous vérifiions à l'aéroport, tout me semblait étrange sans Scott. Cela semblait faux, vide, comme si nous avions oublié quelque chose d'important.

Nous avons bordé l'avion et les hôtesses de l'air étaient très attentives vis-à-vis nous. Une bonne amie avait appelé la compagnie aérienne pour leur dire que nous retournions chez nous après ce terrible évènement. Les hôtesses amenèrent des dessins à colorier aux enfants, ainsi que des épinglettes avec des ailes, du chocolat et des paquets de collation. Ils nous ont vraiment fait sentir choyés. Sophia et Mateas ont regardé un film sur leurs tablettes et, comme à l'habitude, ont très bien voyagé.

Après avoir atterris en Alaska, nous avons marché jusqu'à l'escalier roulant. Comme nous descendions, nous fumes surpris d'apercevoir quelques amis avec notre chien, *Rose Bud*. Nos amis tenaient des fleurs, des nounours et des paniers cadeaux. Les enfants et moi-même sommes tombés dans leurs bras pendant que les larmes ruisselaient sur nos visages. Leurs câlins étaient réconfortants et plein d'amour. C'était une superbe surprise de les voir tous là. J'appréciais qu'ils eussent été chercher notre chien au chenil et l'avait amené à l'aéroport. Sophia et Mateas étaient contents de voir Rose Bud. Cela leur a apporté tellement de confort. Je n'avais demandé à personne de venir nous chercher. Ma voiture était garée à l'aéroport, et je me doutais qu'elle ne partirait probablement pas puisqu'elle était là depuis plus de trois semaines dans ce froid glacial. J'avais eu plusieurs issues avec mon auto et c'était une récurrence lorsque l'on revenait de voyage.

Effectivement, mon auto n'est pas partie, mais par chance nos amis étaient là pour aider. Nous l'avons boostée et elle est finalement partie. Nous avons tous conduit à ma maison en caravane. Par contre, ce que je redoutais le plus était sur le point de se produire : J'allais entrer dans ma maison en sachant que Scott ne marcherait jamais plus à travers ces portes.

Lorsque nous sommes arrivés à la maison, deux autos étaient stationnées en avant.

Nous sommes entrés et avons aperçu beaucoup de nos amis et leurs enfants, prêts à rendre notre entrée moins douloureuse. Des amis de mes enfants ont couru les embrasser avec les bras ouverts. J'aperçu une amie qui cuisinait dans la cuisine. Tout ce que je ressentais était une infusion d'amour venant de tous et chacun. Encore une fois, je n'avais pas demandé à aucun d'eux de faire tout cela, mais ils savaient que c'était ce dont nous avions besoin.

Je sais que ce n'était pas facile pour personne de demeurer fort pour nous. Ils étaient tous sous le choc et chagrinés aussi bien que nous. Eux aussi aimaient Scott. Ils se sont présentés et sont allé au-delà des attentes. Ce fut l'arrivée qui donna le ton pour notre guérison à la maison. Nous n'étions pas seuls et nous avions une communauté qui veillerait sur nous. J'appréciais de voir tous nos amis ici. Mes enfants souriaient avec leurs amis. Ils étaient ravis de les voir. Je savais comment c'était important pour eux d'avoir des amis pour les relever aussi, des amis surs à qui parler et avec qui partager leurs émotions.

J'ai contacté les parents des meilleurs amis de mes enfants et les ai avertis que Sophia et Mateas parleraient probablement de l'évènement avec leurs enfants. Je voulais qu'ils puissent les préparer à avoir des conversations difficiles avec mes enfants. Ces amis vont toujours être ceux avec qui ils étaient le plus confortable pour parler de leur père. Ces amis connaissaient Scott et savaient ce qui était arrivé (autant que des enfants pouvaient comprendre).

J'ai dit la vérité à Sophia et Mateas parce que je sentais, et que j'avais été conseillée par des professionnels de la santé mentale, qu'il valait mieux être honnête. Il existe des méthodes pour expliquer ce sujet aux enfants de tout âge. Sophia et Mateas connaissaient ce que la maladie était puisqu'ils avaient vu leur grand-père souffrir de cancer terminal. Ils avaient été témoins des ténèbres entourant leur père et comprenaient la dépression. Je leurs avaient parlé de dépression avant la mort de Scott et leurs avaient expliqué que sa dépression l'empêchait de penser clairement.

Chapitre 6

Les Murs qui s'Effondrent

Plus les jours avançaient, plus je me sentais dévastée. Mon nom n'apparaissait sur aucun des comptes bancaires de Scott et j'avais zéro dollar dans le mien. A travers le drame de Scott, je ne savais par où commencer.

Les tâches s'amoncelaient : payer les employés de la pratique dentaire de Scott sans avoir accès à son compte; m'occuper de l'entreprise familiale- est-ce que je voulais le faire?; planifier ses funérailles; élever mes enfants en deuil et gérer l'atroce deuil dans mon propre cœur.

Je me souviens avoir prié Dieu pour ses conseils. Personne ne m'avait préalablement préparée pour ce genre d'angoisse, cette peine d'amour, ces responsabilités et cette si grande perte.

Les murs de ma vie s'effondraient et je me sentais paralysée parce qu'ils mettaient du poids sur l'enfer que je vivais : une chambre sans porte. La solitude était insupportable.

Très souvent dans ma vie, lorsque je n'avais pas de solution à mes problèmes, je prétendais.

J'ai prétendu être heureuse, même si j'étais triste. J'ai prétendu que tout allait bien, même lorsque je me sentais devenir folle. J'ai prétendu le plus souvent lorsque mes rêves m'ont été volés.

Je demeurais figée en sentant la profondeur de ma suffocation émotionnelle pendant que les fardeaux s'accumulaient sur mes épaules. J'étais accablée, effrayée et démunie de mon pouvoir. Je me souviens de jours où tout ce que je ressentais était que j'étais minuscule, sans aucune valeur et pas assez bonne. Je sais ce que c'est que de se sentir coincée.

Après la mort de Scott, je n'ai pas prétendu. Je n'avais plus rien. Le réservoir était vide et la seule échappatoire était d'avancer un pas à la fois sur la fondation de ma vérité. J'ai tout senti. La peine atroce et, dans cette peine ombrageuse, j'ai trouvé de la nouveauté. Je n'avais jamais fait cela auparavant.

Pas à pas, je me suis éloignée du faire-semblant. J'ai commencé à lâcher prise et à partager. J'ai partagé à propos de Scott, de sa mort, et de nos sentiments – ceux de mes enfants et les miens. De plus en plus je vivais dans ma vérité même si la peur était réelle, et parfois même palpable. La peur de gérer nos finances, diriger un cabinet dentaire, apprendre à prendre des décisions que je n'avais jamais eu à prendre auparavant.

Aussitôt que j'ai commencé à prier pour de l'aide, les miracles ont commencé à apparaitre.

Le premier miracle était les amis qui nous avaient si chaleureusement accueillis à l'aéroport avec notre chien et une pancarte portant notre nom. Je ne leurs avaient jamais demandé cela. Lorsque nous sommes arrivés à la maison, tout était propre et il y avait de la nourriture dans le frigo. Les meilleurs amis de mes enfants sont arrivés un peu après nous avec leurs bras ouverts afin de les embrasser dans leur peine. Dieu nous a envoyé ces amis en tant qu'Anges. Il savait ce que nous avions besoin pour entrer dans notre maison pour la première fois sans notre Scott, avec juste sa valise contenant ses effets personnels.

Le premier miracle coula vers le prochain : un train de repas, GoFundMe, un service d'entretien ménager. L'amour qui était versé sur notre famille n'était que la réflexion de l'impact que Scott avait eu sur tous les gens qui l'avaient connu.

Lorsque je ne savais pas comment je payerais le prêt hypothécaire, les avocats de poursuite, les factures qui s'accumulaient, amis et membres de la famille ont envoyé de larges donations parce qu'ils savaient que je n'avais aucun accès à des revenus et aucun argent en ce temps-là. C'était immensément inconfortable pour moi car je n'étais pas habituée à recevoir et personne ne voulait rien en retour. Ils voulaient tout simplement que ne n'aies pas à m'en faire avec une chose de plus. Je n'oublierai jamais le soulagement que cela m'a apporté et le poids qui a été soulevé de sur mes épaules. J'aime le fait que je peux maintenant redonner à d'autres qui sont dans une situation financière similaire parce que quelqu'un l'a fait pour moi. *Payez au suivant*, comme ils le disent si bien.

Nous avons célébré la vie de Scott au vignoble de la famille Methven en Oregon en Juin 2022. Le ciel était couvert de nuages et il a plu très fort, comme si Scott voulait nous faire savoir qu'il était là avec nous. Durant la célébration, des amis et membres de la famille ont parlé de l'amour qu'ils avaient porté pour Scott. Des larmes, de la pluie et de la transpiration se sont mêlées sur mon visage pendant que j'écoutais les histoires de la vie de Scott qui furent partagées. A l'instant que le dernier discours se termina, la pluie cessa et deux arcs-en-ciel apparurent. Sophia regarda le ciel et déclara, « Mon père a fait cela." Nous avons tous senti que c'était vrai. C'était un arc-en-ciel pour Scott et un pour son père, qui était mort un jour après Scott. Ils nous montraient qu'ils étaient là avec nous et nous envoyaient leur Amour.

Le prochain miracle fut toutes les synchronicités qui s'assemblèrent sans efforts pour que ma famille et moi-même allions vivre en Arizona quelques mois après la mort de Scott.

Il a fallu une profonde résilience pour arriver à reconnaitre ces miracles. Le temps pendant lequel j'ai supprimé le miracle qu'était ma vie m'a empêché de reconnaitre la dépression consistante et journalière dans laquelle je vivais.

Chapitre 7

L'Emprise de la Dépression

La dépression est une forme d'engourdissement de la vérité. Nous nous engourdissons contre la vérité à cause de la désillusion occasionnée par les bonnes journées.

C'est dans cette désillusion des bonnes journées que nous nous mentons. En mentant, nous refusons de voir la vérité.

Alors nous choisissons l'illusion.

Une illusion, par définition, est une chose qui trompe en produisant une fausse ou fallacieuse impression de la réalité.

La dépression est une sorte d'illusion dans laquelle nous apprenons à vivre.

Lorsque vous entendez le mot *Dépression*, visualisez-vous automatiquement une personne recroquevillée sur le sol et qui pleure, ou quelqu'un qui est au lit pour plusieurs semaines et refuse de se lever?

Croyez-vous que quelqu'un qui n'est pas dépressif un jour, n'est pas en danger le lendemain.

Scott souffrait d'une profonde dépression. Il se levait cinq jours par semaine afin de gérer, diriger et travailler dans son cabinet dentaire. J'aimais bien travailler avec Scott comme son hygiéniste dentaire. Je le voyais sourire à ses patients, parler et partager des blagues tout en sympathisant avec leur souffrance et leurs préoccupations.

Il plaisantait avec ses patients pour les mettre à l'aise. Les rires, qui étaient rares à la maison, étaient, par contre, des sons consistants à la clinique. Scott pouvait éclairer une pièce avec sa seule présence.

Après son travail, Scott revenait à la maison et, avec les épaules affaissées, marchait vers sa chambre, épuisé de sa journée. La luminosité qu'il partageait dans son travail, n'était qu'un mince filet dans notre demeure. Il prenait son téléphone immédiatement et focussait sur les courriels venant d'avocats et d'investigateurs. Scott était poursuivi en justice et il avait engagé des enquêteurs afin de prouver qu'il était lésé par les plaintifs. Il voulait que la vérité éclate, alors il travaillait ardument avec un enquêteur afin de trouver des évidences. Il *a trouvé* ces évidences, mais avec le confinement de la Covid et l'arriérage des procès qui s'accumulaient, la vérité n'a jamais remonté à la surface. Son humeur se transforma à mesure qu'il s'immergeait dans cette lutte. C'était devenu une obsession et une distraction. Il n'était plus capable d'être présent à la maison avec les enfants et moi et il devint une coquille vide. *Nous pouvions le voir, mais nous ne pouvions pas le ressentir.*

Lorsqu'il arrivait à la maison, j'étais dans la cuisine à préparer le souper tout en prenant soin des enfants. Mon désir d'être vue par lui, ne s'est jamais réalisé. J'avais envie qu'il me regarde ou qu'il me parle. Il m'ignorait et je me sentais tomber lentement dans la dépression. J'avais une pancarte accrochée dans la cuisine arborant une citation de Wayne Dyer: « Change tes pensées, change ta vie. »[1]

Je lisais cette phrase plusieurs fois par jour, permettant aux mots de m'élever des sables mouvants de la dépression.

Plusieurs de mes amis ont mentionné que je changeais, que j'apparaissais différente à leurs yeux. Je me disais : *Nous avons un toit au-dessus de nous, nos enfants sont en santé, nous avons de merveilleux amis et membres de la famille. Nous avons plus que la plupart des gens.*

J'avais besoin de concentrer sur le bon que nous avions. Être reconnaissante m'a empêché de me laisser engloutir dans les ténèbres. Même si je me sentais seule à élever nos enfants, je misais toujours à trouver le beau côté des choses.

Indépendamment de ma concentration et de mon désir de sortir de mon état mental dépressif, ma situation ne changeait pas. Chaque jour, mon mari travaillait, rentrait à la maison, s'étendait sur son lit avec son téléphone en buvant excessivement et en utilisant des drogues pharmaceutiques.

J'ai arrêté de demander son aide parce ce que lorsque je demandais, il se fâchait après moi et criait devant les enfants. J'ai vite appris à garder la paix et à rester tranquille sinon je risquais d'avoir sa réponse usuelle : « *Je travaille cinq jours*

---

[1] Wayne Dyer, Change Your Thoughts, Change your life: Living the Wisdom of the Tao, "Carlsbad: Hay House, 2009)

par semaine. Ce procès est très important et nous risquons de tout perdre.»

Beaucoup pourraient penser que ce procès avait fait sombrer Scott dans la dépression. Même si cette action s'est avérée un énorme contributeur, Scott avait créé un environnement interne vraiment toxique autour de lui. Il n'avait jamais résolu sa relation sporadique avec sa mère. Ceci était lié à un abandonnement traumatique de son enfance qu'il avait refoulé et évitait à tout prix. Lorsque j'ai rencontré Scott, il n'avait pas parlé avec sa mère depuis des années. C'était très difficile pour moi de comprendre car je suis tellement proche de ma mère.

Scott prenait aussi des opioïdes pour engourdir la douleur de son dos et aussi sa peine intérieure. Un an avant sa mort, il buvait à chaque jour en plus de prendre des médicaments contre la douleur et des antidépresseurs. Alors lorsque le procès amena plus de toxicité, il était déjà brisé.

Scott était comme une maison grugée par les termites après plusieurs années. Pendant nos seize ans ensemble, peu à peu ses choix quotidiens détruisirent son âme. Son utilisation constante de médicaments prescrits et sa consommation excessive d'alcool créèrent des trous au plus profond de lui, tout comme la maison dévorée par les insectes. Donc, lorsque la poursuite en court le frappa, il s'est effondré et s'est enlisé plus profondément dans sa dépression.

Pour les étrangers, il cachait sa dépression derrière de larges sourires, des blagues, et sa lumière qui disparaissait aussitôt qu'il mettait le pied dans notre maison. Sa dépression était rarement visible pour quiconque en dehors de notre petite famille.

La vérité était que nous étions, tous les deux, en dépression. Ma dépression venait de ma suppression constante, tandis que la sienne venait de ses actions, des pressions externes et son environnement interne.

La dépression n'est pas toujours ce que l'on imagine et affecte rarement un seul des conjoints. Si un en fait l'expérience, alors l'autre a certainement dû se débattre à sa propre manière.

Chapitre 8

L'Environnement Compte

Non seulement notre environnement physique peut être endommagé par les choses que nous mettons dans nos corps, ou les choses que nous regardons et écoutons, mais l'environnement de notre esprit peut aussi bien être endommagé.

C'est trop facile de rester coincé dans la boue à l'intérieur de notre esprit. Les discours intérieurs tel que:

J'ai mal fait;
Je suis le problème;
Je ne serai jamais assez;
Tout le monde serait tellement mieux sans moi;
Je suis un ami horrible;
Pourquoi je fais toujours des erreurs ou je gâche les choses?
Je me déteste;
Je ne peux rien faire de bien, et autres phrases du genre
peuvent trouver le chemin de votre esprit et sont aussi
toxiques que du poison.

J'ai été témoin de ce train de pensées qui dévorait Scott. Son environnement, physique et aussi mental était venimeux.

Les années à prendre des drogues pharmaceutiques avaient créé de la toxicité dans son corps et pris possession de son esprit.

Vers la fin de sa vie, il prenait des antidépresseurs en grandes doses combinés avec de larges quantités d'alcool.

Maintenant que j'ai parlé du suicide publiquement, beaucoup de gens m'ont dit avoir expérimenté des idées suicidaires lorsqu'ils prenaient des antidépresseurs. C'est même publicisé en tant qu'avertissement sur certains commerciaux d'antidépresseurs à la télé! Puisque Scott n'avait jamais mentionné qu'il avait des idées suicidaires, je n'étais pas consciente de sa bataille interne. Je lui ai demandé, fois après fois, s'il avait de telles idées parce que je le voyais dépérir, mais il m'a toujours assuré qu'il n'en avait pas.

Maintenant que je suis consciente des effets secondaires des antidépresseurs, (comprenez bien que je ne peux pas nommer une marque en particulier, mais quelques-unes sont pires que d'autres), spécialement lorsque consommée avec de l'alcool, je suggère aux gens d'y penser sérieusement avant d'utiliser ces prescriptions. D'un autre côté, si vous êtes déjà sur des prescriptions, s'il vous plait demandez conseil à un professionnel médical avant de cesser de prendre vos médicaments car il y a de grands risques de se sevrer soi-même. Je crois que certains antidépresseurs peuvent sauver des vies, mais je pense aussi qu'ils devraient être pris en conjonction avec la recherche de la cause profonde de vos problèmes.

Je sais que Scott n'aurait jamais choisi de prendre sa vie, pas de son vrai moi—le Scott que je connaissais bien, celui que j'aimais et avec qui j'ai vécu jour après jour. Il s'est débattu fortement. La vie était difficile pour lui. La peine de devoir faire ses adieux à son père qui se mourait du cancer, le stress associé à gérer un clinique dentaire réussie, et le procès, ont rendu sa vie insupportable. Il souffrait de maux de dos intenses causés par son travail de dentiste où il était dans une position courbée, huit heures par jour, cinq à six jours par semaine. Sa douleur était tellement pénible qu'il devait l'engourdir.

Il ne possédait pas les outils pour l'aider à gérer sa douleur, mais il a choisi de ne pas s'informer à propos des outils qu'il aurait pu utiliser. Il refusait d'aller en thérapie, et par le fait même, ferma les portes sur son habilité à soigner les blessures qui avaient créé tant de peine au plus profond de lui.

Ceci fut la partie la plus difficile pour moi : Sa réticence à demander de l'aide afin de se guérir ou pour trouver une nouvelle avenue, une meilleure façon. Les ténèbres qui l'entouraient étaient si lourds qu'il croyait que c'était impossible de s'en échapper. Son environnement spirituel ainsi que dans sa vie était comme un trou gigantesque dont il ne pouvait sortir. L'amour profond et la connexion que nous éprouvions pour lui n'arrivaient pas à fermer l'écart de sa dépression. Il sentait que rien ne pouvait l'en sortir. Cela était tellement grave à mes yeux car Scott était un être joyeux de nature. Il avait un cœur magnifique et une âme éclatante, mais son choix de combiner dix différents médicaments et sa surconsommation d'alcool, et s'isoler de ses amis et de sa famille créèrent un cocktail toxique que je crois l'a conduit à sa mort.

Notre environnement compte.

Notre environnement peut devenir la chose qui nous fait basculer ou qui nous attrape. Je sais que Scott était ici pour accomplir de grandes choses. Son esprit était vif, son cœur grandiose, et son âme aimait servir, mais l'environnement, dans lequel il choisit de vivre, a pourri son esprit et fermé son cœur. Il n'était plus capable de connecter aveç sa famille. Son point focal s'était refermé sur lui-même, et avec cela, l'environnement qu'il avait bâti s'était infecté. Sa haine envers lui-même et ses idées destructives contre son environnement extérieur l'empoisonnait de plus en plus. Son utilisation de drogues s'est transformée en courbes sauvages. Plusieurs aiguilles trainaient dans sa chambre tout le temps; il les utilisait pour se donner des injections d'analgésiques pour endormir la douleur de son dos ainsi que des testostérones. Ce qui auparavant l'aurait alarmé et même dégouté était devenu sa norme journalière.

Vers la fin, nous avons fait chambre à part car je ne me sentais pas en sécurité de dormir avec lui. Sa chambre était devenue une caverne de noirceur. Lorsque je marchais devant cette chambre, je ressentais la peine et la douleur qui venait de l'intérieur. Lorsqu'il rentrait à la maison, il s'isolait dans cette chambre, pour n'en sortir que lorsque nous étions tous coucher.

Je ne savais plus quoi faire pour l'aider. Je l'ai imploré pour qu'il obtienne de l'aide. J'avais trouvé un établissement de guérison en Californie qui traitait les addictions de drogues et aidait à la réhabilitation, mais il refusa d'y aller. Je priais tous les jours pour lui et j'essayais tout le temps d'amoindrir son stress par tous les moyens possibles. J'ai entrepris toutes les tâches familiales avec les enfants et la maison et je travaillais à la clinique comme hygiéniste dentaire où j'organisait les évènements pour les employés. J'essayais de ne pas me lamenter que j'étais seule à tout faire. J'ai vu les enfants espérer que leur père joue avec eux ou qu'il s'assoit avec nous pour du temps en famille.

Finalement, l'environnement et la vie qu'il voulait était sa propre décision. Chaque brique qu'il a déposée et chaque action qu'il a prise l'ont mené à ne plus avoir l'habilité de se débattre plus longtemps.

Les ténèbres avaient mains prises sur Scott. Son environnement a ouvert une porte à une furie de dépression.

Cela n'est pas arrivé du jour au lendemain. Ce fut une progression dans son environnement et dans ses actions quotidiennes.

Ses employés et moi avions remarqué que lorsque Octobre arrivait, comme les jours raccourcissaient de plus en plus avec l'hiver qui se montrait, le caractère de Scott changeait. En Décembre, le soleil se levait a 9.30 et se couchait à 3 heures de l'après-midi. Puisque Scott travaillait du 9 à 5 il n'avait aucun temps dans la lumière du jour avant et après son travail.

Les Troubles Affectifs Saisonniers (TAS) sont fréquents en Alaska et nous le remarquions chez plusieurs gens qui ne pouvaient pas voyager en dehors de l'Alaska en hiver. La plupart des années, nos hivers duraient du mois d'Octobre jusqu'au mois de Mai.

Quand les mois d'été arrivent enfin en Alaska, ils sont souvent couverts de nuages et il pleut beaucoup. Dans les 16 ans où j'y ai demeuré, je peux compter sur une main combien d'étés ensoleillés et chauds nous avons eu. De plus, avoir une nuit complète de sommeil durant les mois d'été était difficile à cause de la lumière du jour qui pouvait s'étendre jusqu'à 24 heures. Je me rappelle vivement les insomnies que j'endurais durant mon premier été quand le soleil ne se couchait pas et que l'atmosphère ne faisait que s'assombrir. Ma conviction est que cette lumière continuelle crée probablement un rythme circadien déréglé pour une bonne partie de l'année chez beaucoup de gens en Alaska. J'ai personnellement observé de hautes instances de dépression à l'office et à l'épicerie, ainsi que parmi nos amis et la famille.

L'environnement de l'Alaska n'était pas idéal pour que Scott puisse s'épanouir pleinement dans sa profession et sa vie personnelle.

Habituellement, Scott travaillait cinq à six jours par semaines car il avait un prêt étudiant de $500,000 et une dette de $1 million pour la construction de sa clinique dentaire. La pression constante de surproduire afin de couvrir les frais généraux fut un facteur de stress majeur. Gérer deux ou trois hygiénistes dentaires voulait dire que Scott devait voir souvent plus de cinquante patients par jour. Plusieurs patients ont peur ou n'aiment pas les dentistes, et Scott entendait des commentaires sur combien ses patients détestaient les dentistes. Scott devait refouler sa réponse émotionnelle sur ces remarques afin de performer son rôle de dentiste et garder ses clients.

En tant que dentiste, non seulement avait-il à faire face aux demandes physiques de la dentisterie qui lui causaient des douleurs dans le cou et le dos à force d'être courbé au-dessus des patients toute la journée, mais il assumait aussi le stress émotionnel et les anciens drames dentaires de ses patients. Parce qu'il se sentait coupable à propos des coûts exorbitants de la dentisterie, il donnait souvent son temps gratuitement. La pression d'accomplir, de plaire à tous, apaiser la peur des gens, et s'occuper de l'office étaient extrêmement épuisant. Même si sa journée officielle se terminait à 5 p.m., en tant que propriétaire dentiste, Scott apportait souvent du travail à la maison. Il travaillait souvent les fins de semaine pour des urgences qui demandaient son attention.

Imaginez, s'il n'aimait plus pratiquer son métier de dentiste. Il aimait ce qu'il faisait mais se sentait coincé. Il rêvait souvent de se relocaliser et travailler comme associé deux ou trois jours par semaine ou explorer l'enseignement, compte tenu de son expertise en traitement de canal. Beaucoup de dentistes partagent ces points de vue et expriment leur dissatisfaction avec leur profession et se sentent au pied du mur. Contrairement à d'autres professions comme la médecine et la loi, où les individus peuvent transférer dans d'autres départements ou spécialités, les dentistes se retrouvent souvent limités par leur entrainement et leur éducation, manquant d'options alternatives dans leur domaine.

Après être courbé au-dessus de ses patients pour plus de 40 heures par semaine à l'année longue, Scott endurait des maux de dos intenses, ce qu'il lui enlevait toute motivation de demeurer actif. Il commença à prendre des médicaments contre la douleur et des relaxants musculaires afin de se soulager.

Durant les week-ends, il buvait beaucoup et dormait toute la journée. Ce cycle continua pendant des années.

L'environnement de son travail n'était pas productif à sa santé en général.

Après sept ans de travail et étant le seul propriétaire, juste comme il atteignait un certain succès financier, et pouvait finalement considérer de travailler moins de jours par semaine, Scott fit face à une poursuite en justice. Malheureusement, il a dû continuer à travailler cinq à six jours semaine afin de couvrir les frais juridiques et se battre pour ce qu'il croyait être la vérité. Même si je croyais qu'il avait été dupé, nous n'avons pu le prouver à l'intérieur du système judiciaire. Cette bataille s'est échelonnée sur sept années impliquant plusieurs avocats, criminalistes informatiques, le FBI, et la police. C'était devenu une obsession de prouver son innocence, ultimement c'est ce qui a détruit notre dynamique familiale. Le conflit, pour une question d'argent et le désir d'avoir raison, a fait des ravages sur nous tous et impacté notre bien-être.

L'environnement de la poursuite judiciaire, les courts, et tout ce qui s'y rattachait ont créé plus de toxicité et ont nui profondément à Scott.

Durant cette période éprouvante, une chose qui apporta du réconfort à Scott fut de trouver une communauté dentaire qui l'écoutait et qui offrait du support. C'était un groupe d'individus partageant les mêmes idées, un réseau de support moral afin de naviguer les challenges de la dentisterie. Cette association est "The American Academy of Clear Aligners (AACA)." Étant témoin de son expérience dans cette association, j'ai vu de l'espoir en lui. Ce fut dans cet environnement que son bonheur revint et que sa passion pour la dentisterie refit surface. Dans cette communauté, il pouvait partager ses talents, et je l'encourageais à assister aux conférences pour des engagements futurs et communautaires.

Ce nouveau groupe fut une bénédiction pour lui et notre famille.

J'ai plaidé avec lui pour qu'il cesse de boire et d'utiliser les opioïdes, et pour qu'ils nous emmènent tous vivre loin de ces longues et sombres saisons d'hiver.

Se sentant coincé dans sa vie, Scott supprima ses désirs les plus profonds et, ce faisant, demeura dans les environnements qui le menèrent à une vie de dépression et d'engourdissement.

Nous avons tous l'habilité de choisir notre environnement. Vous pouvez vous sentir coincé dans votre situation difficile, mais si cela crée de la toxicité, choisissez quelque chose de différent.

Vous avez le cadeau de choisir même si vous vous croyez coincé. Il y a toujours une issue. Choisissez de vous placer dans une position qui vous alimentera et vous comblera.

Le suicide n'est pas une décision prise du jour au lendemain. C'en est une qui se forme à partir de la négativité, de blessures non-soignées, et le désir refoulé de sortir de cette impasse.

Changez votre environnement et regardez votre vie changer.

Chapitre 9
Les Vagues de Culpabilité et de Honte

L e suicide crée des effets ondulatoires de culpabilité et de honte pour les survivants de la personne qui s'est enlevée la vie. Si vous lisez ceci et pensez que votre famille serait mieux sans vous et que mourir est la seule solution, s'il-vous-plait, comprenez que vous avez d'autres options. Notre monde serait bien mieux si vous appeliez juste une personne et lui disiez que vous n'êtes pas très bien, que vous entretenez des idées suicidaires et que vous pensez mettre un terme à votre vie. Tendre la main, l'acte le plus courageux que vous puissiez prendre, ouvrira votre première porte vers la lumière. Il y a beaucoup de modalités de guérison mises en place, et faire le travail nécessaire laissera un héritage de force et de courage pour votre famille et la planète.

Contrairement, laisser votre famille en vous suicidant les conduira dans une vague destructive.

Le jour où Scott est mort à l'hôpital, je me suis retrouvée devant la tâche presqu'impossible d'expliquer à mes enfants que leur père était décédé, ce qui entraîna plusieurs questions. *Comment s'est-il fait du mal? Pourquoi s'est-il fait du mal? Qu'allons-nous faire sans lui?*

La dévastation que votre famille subira est inexplicable.

Le suicide laisse ceux qui vous aiment dans un désordre de culpabilité, de honte et d'immense peine. Perdre quelqu'un que l'on aime est toujours suivi de douleur et de chagrin. Cela est naturel et terriblement difficile, mais perdre un proche par suicide laisse les survivants non seulement dans la douleur et le chagrin mais aussi avec la culpabilité et la honte. La honte les consumera entièrement : la honte de ne pas avoir vu à quel point vous vous débattiez, la honte qu'ils vous ont laissé tomber, la honte qu'ils n'étaient pas assez importants pour que vous restiez.

La honte qui m'opprimait venait souvent de la honte que d'autres personnes projetaient vers moi. Plusieurs m'ont exprimé avoir honte de n'avoir pas fait assez. Je me souviens avoir entendu les insinuations de certaines personnes. Je comprenais qu'ils se demandaient si *j'*aurais pu faire quelque chose de différent. Tellement de gens ne comprenaient pas pourquoi *je* n'avais pas pu le sauver. Même si ces insinuations étaient inexactes, mon environnement était devenu très destructif.

C'est une pression que personne ne devrait avoir à traverser. La culpabilité que vous n'avez pas tout fait pour sauver la vie de quelqu'un est un fardeau beaucoup trop lourd à porter pour qui que ce soit.

Je le porte. Mes enfants le porte. Les amis et la famille de Scott le porte aussi.

Le fardeau de «Ai-je fait assez? Y avait-il autre chose que j'aurais pu faire,» est très difficile à porter.

La vérité est qu'il n'y avait rien que nous aurions pu faire. J'ai imploré Scott pendant des années pour qu'il se fasse aider. *Il refusait.* J'avais trouvé des endroits de réhabilitation, des thérapeutes, des groupes, des livres… n'importe quoi qui lui aurait apporté le support dont il avait tellement besoin, mais il a toujours refusé.

Et c'est là que nous devons honorer que chacun détient sa propre habilité à décider pour lui/elle-même. Même si ce que Scott a fait n'aurait jamais été ce que *j'*aurais choisi pour lui, c'est ce qu'*il* a ultimement choisi et j'ai dû faire la paix avec sa décision.

Pour Ceux qui se Débattent avec des Idées de Suicide

J'écris ceci pour ceux d'entre vous qui entretiennent des idées suicidaires. Quelque soient vos pensées, **Ne les croyez pas.**

Votre famille ne sera pas mieux sans vous.
Vous n'êtes pas tout seul dans votre souffrance et votre isolation.
Vos émotions ne sont pas de **TROP.**
Vous n'êtes pas de trop.
Vous êtes digne de vivre.
Votre vie vaut la peine d'avoir été créée.
Vous n'êtes pas coincé.
Même lorsque vous pensez l'être, il y a toujours une solution.

La mort **N'EST PAS** une solution.

Choisissez de vivre.

La vie peut sembler très difficile présentement, mais le plus difficile va passer.

Communiquez avec quelqu'un. Trouvez quelqu'un avec qui parler.

Si vous n'avez personne, appelez le (_____).

Vous pouvez les appeler aussi souvent que vous le voulez, à chaque jour. Ne refoulez pas vos émotions. Parlez-en puis laisser les partir. Parlez-en à haute voix avec quelqu'un. Battez-vous pour votre vie.

Je vous invite à choisir la vie.

Peu importe ce que votre esprit vous dit, votre famille et le monde ne SERONT PAS mieux sans vous. La culpabilité et la honte qu'ils ressentiront après votre mort les détruiront. La culpabilité que d'autres placeront sur eux sera ressentie pour plusieurs années à venir.

Ne croyez pas les mensonges qui jouent dans votre esprit. Je sais qu'ils apparaissent trop puissants pour se battre contre eux, mais ils ne sont pas vous. Ils ne sont pas vrais.

Ce monde a besoin de vous et il y a de l'aide qui vous attend.

Une Lettre pour Ceux Qui Ont Perdu Quelqu'un de Cher par Suicide.

Cher ami,

A chaque fois que j'entends la nouvelle que quelqu'un est mort en se suicidant, je ressens instantanément la douleur atroce que mes enfants et moi avons ressentie en ce jour fatidique. J'en ai des frissons dans tout le corps et je veux pleurer. Je ne vous connais pas mais je vous ressens. Je veux vous prendre dans mes bras, pleurer avec vous et porter votre douleur avec vous. Nous avons cette connexion invisible et je vous vois. Le lien d'être des membres de la famille des suicidés est un lien que nous n'avons pas demandé, mais maintenant nous sommes réunis dans cette communauté. Seulement nous, sauront la vérité et l'impact qui se répercutera dans nos corps pour le reste de nos vies. Notre connexion n'a pas besoin d'introduction. Nous connaissons la souffrance et les effets ondulatoires. Nous pouvons nous regarder dans les yeux et avoir cette connaissance intérieure de la souffrance par laquelle nous avons passée. Tous vous regardent pour avoir des réponses et vous pensez que vous devez répondre à chacune afin qu'ils puissent tourner la page. Nous savons tous que ça n'arrivera pas et qu'il n'y aura pas de réponse car la seule personne qui pourrait y répondre est morte. Nous devons apprendre à laisser aller et comprendre que c'était leur choix.

Nul autre que cette personne aurait pu changer le résultat à l'intérieur d'elle-même. Nous pouvons, par contre, utiliser nos voix afin de partager nos connaissances à propos de la santé mentale et du suicide. Chaque histoire sera différente mais, je sais dans mon cœur que nous pouvons apprendre de chacune. On peut se perdre dans la noirceur de temps à autre, en autant que nous n'y demeurons pas trop longtemps. N'oubliez jamais qu'on peut toujours trouver la lumière, alors tentez d'ouvrir cette porte. Mes amis, il est grand temps de prendre soin de vous et de votre cœur. La douleur physique dans votre cœur s'atténuera mais vous devez chercher à guérir. Vous ne pouvez pas faire cela tout seul. Si vous commencez votre épopée et que vous avez des enfants, ils apprendront de vous. Leur tristesse aussi s'atténuera. Elle viendra et repartira par vagues et, avec chaque ondulation vous apprendrez et grandirez. Ne vous noyez pas dans l'alcool ou autre abus de substances. Les émotions vous tortureront au début mais vous deviendrez plus résilient à mesure que vous incorporerez vos stratagèmes de guérison. Je vous envoie de l'amour. Sachez que je vous voie. Puissiez-vous trouver la paix intérieure et le calme dans votre voyage.

Avec Amour,

Melissa

Une Prière d'Espoir

Mon Dieu,

Aidez-moi à entendre votre voix. Laissez l'espoir éclairer mes ténèbres et dirigez-moi sur la bonne voie. « Je cours vers vous, Dieu: « Je cours pour ma vie. S'il-vous-plait, ne me laisser pas tomber. » (Palm 31 :1) « Et l'espoir ne nous fait pas honte, parce que l'Amour de Dieu remplie nos cœurs par le Saint-Esprit, qui nous a été donné. » (Romans5 :5)

Je me rends avec les mains dans les airs, priant pour que vous remplissiez mon cœur avec l'espoir et la lumière. Je suis reconnaissante de votre Amour.

Amen,

Melissa

Chapitre 10
Réjection

La réjection de notre vérité nous fâche. La réjection de notre propre voix nous isole. Nous avons peur d'être rejeté par les autres lorsqu'actuellement, ce sont nous qui nous rejetons nous-mêmes.

Chaque fois que vous faites taire votre voix, vous vous rejetez.

Chaque fois que vous agissez de manière insignifiante, vous vous rejetez.

Le refoulement est la réjection.

Nous refoulons nos émotions pour aider les autres à se sentir mieux. La peur que notre vérité blesse quelqu'un d'autre est une forte raison pour que nous refusions d'en parler. Nous la poussons au fond du compacteur à déchets, en empilant déchets par-dessus déchets, en espérant qu'ils resteront au fond, mais, tout comme les déchets qui éventuellement remontent à la surface, la vérité aussi finie par resurgir.

Ça réapparait dans nos vies en tant que rage et colère qui se matérialisent en larmes et déchaînements. Ou ça se révèle en maladies physiques. Éventuellement, le corps commencera à démontrer l'usure causée par ces vérités cachées.

Ça m'est réellement arrivé dans ma vie. La colère qui semblait s'emparer de moi. Les jours où je pleurais silencieusement dans les toilettes. Les maladies physiques se lamentaient afin que je leur donne mon attention.

Le refoulement n'est pas quelque chose que j'ai commencé lorsque j'avais vingt ans ou trente ans. Non, ça vient de mon enfance. Je me souviens vivement lorsque j'avais sept ans, mon père, sachant très bien que j'étais trop émotive lorsque nous nous disions au revoir, m'a demandé encore une fois de ne pas pleurer. C'était un rituel périodique car je voyageais de Vancouver, C.B., à la ville de Québec pour le visiter à chaque Noël et durant l'été. Ce jour-là à l'aéroport, il m'a fait promettre que je ne pleurerais plus jamais. D'une voix sévère, il insista que pleurer n'était pas permit lorsqu'il me ramenait. Depuis ce jour-là, je me suis entraînée à prétendre que j'étais heureuse, cachant mon bouleversement intérieur qui risquait de me faire craquer et fondre en larmes. Plus jamais je n'ai pleuré en disant au revoir.

Ceci fut le début de ma répression et là où j'ai commencé à cacher ma vérité derrière un faux sourire. Faire-semblant et la réjection de moi-même venait de débuter.

Je savais que mon père avait le même chagrin que moi lorsque je partais. Ça lui faisait mal et lui aussi s'était construit un bouclier afin de protéger son cœur. Il ne voulait pas ressentir la douleur d'avoir à me dire au revoir. Nous refoulions souvent nos émotions car les montrer aurait été effrayant et souvent vu comme de la faiblesse, mais en réalité, démontrer nos émotions est la chose la plus puissante que nous pouvons faire. S'exprimer nous aide à demeurer en santé.

Du jeune âge de sept ans jusqu'à quarante ans, je ne savais pas cela. Je fus entrainée à refouler, à faire sentir les gens bien autour de moi et ne pas m'occuper de moi-même. Cacher la vérité derrière mon sourire était devenu le comportement suppresseur de mes vraies émotions.

Durant les vacances de Noël, je voyageais en tant que mineure non-accompagnée. Mon séjour impliquait typiquement de demeurer chez ma grand-mère paternelle et chez la sœur de mon père. Noël au Québec était toujours festif et grandiose, remplie de membres de la famille et de cousins. La veille de Noël, on se réunissait et, après que les enfants s'étaient reposés pour une courte sieste, à sept heures du soir nous assistions à la messe de minuit. Lorsque nous revenions à la maison, nous dégustions un grand buffet, ouvrions des cadeaux et dansions. L'atmosphère était vivante et agréable.

Par contre, il y avait des moments où j'allais me cacher dans les toilettes pour pleurer car je m'ennuyais de ma mère, qui avait dû rester à Vancouver à cause de son travail pendant le temps des fêtes. Après avoir essuyé mes larmes, je rejoignais les festivités arborant un grand sourire. Je ne voulais pas que personne se sente désolé pour moi et ne voulais pas atténuer l'ambiance festive. Je m'efforçais de sourire pour cacher ma tristesse.

Je refoulais ma tristesse pour que les autres soient heureux. Je rejetais mes émotions intérieures afin d'être certaine que les autres ne s'inquiétaient pas de moi.

Ce fut le commencement de ce stéréotype pour moi. *Refouler pour plaire.*

Maintenant que j'ai choisi d'exposer ma vérité, je réalise que mon sourire est là quand je suis heureuse. Je ne me sens plus obligée de cacher ma peine ou mes émotions. Mon sourire est une expression extérieure sur comment je me sens : **Heureuse.**

Plusieurs se demandent comment je peux être si heureuse après avoir traversé une telle tragédie et perte. Je crois qu'en partageant ma vérité, j'ai cessé de me supprimer. Je ne me rejette plus et je suis honnêtement reconnaissante de tout ce que j'ai, avec comme résultat un bonheur authentique.

A partir de maintenant, lorsque vous me verrez sourire, vous saurez que je suis heureuse.

Chapitre 11

Les Fantômes Générationnels

Mon mari n'était pas disponible émotionnellement. Cela n'était pas son choix. Il était déconnecté car il transportait les blessures des fantômes de son enfance. Je trouvais que moi aussi je répétais les stéréotypes de mon enfance et revivais des anciennes blessures. Lorsque j'étais une petite fille, mon plus grand désir était de recevoir l'amour de mon père. Je faisais tout en mon pouvoir pour lui faire plaisir afin qu'il m'aime encore plus. Par contre, en tant qu'adulte, je n'ai jamais adressé mon enfant intérieur, ce qui m'a conduite à attirer des stéréotypes semblables dans ma relation avec Scott.

J'ai amené mon besoin de plaire et de refouler dans mon mariage. Je refoulais mes inquiétudes et préoccupations afin de maintenir la paix. Cela créa de l'amertume dans mon corps qui se manifesta en problèmes physiques. Cela a aussi contribué à la déconnection que j'ai vécue avec Scott.

Scott transportait les blessures de son enfance où il avait manqué d'amour. Ces blessures n'avaient jamais été adressées ni guéries. Alors, avec chaque nouveau stress qui arrivait dans sa vie, ses blessures devenaient de plus en plus profondes, ce qui le rendit non-disponible émotionnellement dans notre relation et dans notre maison.

En plus de ses blessures personnelles, il gardait les effets cumulatifs venant de sa lignée générationnelle. Il y avait des morts par suicide sur les deux côtés de la famille de Scott, un sujet ignoré dans le silence. La famille avait choisi de ne pas en parler, gardant le sujet clos et le camouflant sous le tapis. Je me souviens qu'il y avait eu deux suicides dans la famille de Scott mais personne ne parlait de leurs vies ou de leurs morts. C'était à croire que s'ils n'en parlaient pas, alors cela ne s'était pas produit.

Ceci était un mensonge.

Plusieurs croient que si l'on ignore le suicide, il va disparaitre. Comme une maladie qui pourrait être guérie par le fait même de l'éviter, par le silence, par les secrets; beaucoup pensent que parler de suicide cause la contamination, alors le silence continue. *Nous ne devrions pas en parler*, mais si on le fait taire, il va grossir comme une tumeur dans le corps, inaperçue mais qui tue lentement.

Je refuse de participer dans ces croyances maintenant. J'affronte la peur que ce trait puisse persister chez mes enfants ou dans les générations futures. C'est pourquoi je m'engage à créer un changement afin d'altérer la trajectoire de notre lignée familiale, en n'en parlant ouvertement.

Je n'ignorerai jamais que Scott s'est suicidé. Je ne garderai pas le silence là-dessus. Je ne l'adoucirai pas et ne le cacherai pas. Aussi douloureux que ça puisse être, maintenant je connais le but de ma vie : sensibiliser les gens sur le suicide et la santé mentale. Je vais dire la vérité et, par le fait même, j'ai confiance que ça effacera notre lignée générationnelle de ses maladies mentales non-résolues.

Les drames, spécialement le suicide, les addictions et l'abus physique se multiplient par génération, mais nous pouvons être la force motrice qui éliminera les dommage mentales et physiques. Les drames sont comme la plaque sur les dents. Si vous ne les brossez pas et n'avez pas de nettoyage dentaire deux fois par année, la plaque dentaire s'accumulera. Avec l'accumulation de la plaque dentaire, les cavités se forment et les dents commencent à se détériorer. La même chose se produit avec notre lignée générationnelle. Si nous n'en prenons pas soin personnellement, la détérioration peut s'attaquer à chaque membre de la famille.

Je ne peux pas nettoyer les dents de mon fils pour lui. Il doit s'assoir sur cette chaise et se faire nettoyer les dents. La même chose pour le travail guérisseur : je dois faire le travail par moi-même et vous devez faire le vôtre par vous-même.

Chaque personne dans la lignée générationnelle, qui décide de faire le travail nécessaire, nettoie l'effet cumulatif pour la lignée familiale.

Pour le bien-être de ma famille, J'adresse et guéri les blessures intérieures de mon enfance, fais face à la perte de mon mari, et surmonte les abus émotionnels et mentales dont j'ai été la victime. Je suis déterminée à trouver le bonheur et à embrasser les joies de cette brève vie avec tous ceux qui m'entourent. Je suis bénite avec deux enfants en santé, une famille formidable et des amis qui me supportent. Je ne peux pas demander mieux et je suis vraiment reconnaissante.

Je reconnais que mon bonheur et le bien-être de mes enfants sont ma responsabilité; que sans mettre les efforts pour ma croissance personnelle, aucun changement positif ne peut se produire. C'est à travers ce dévouement que mes enfants sourient, trouvent la joie de vivre et ressentent le but d'aider les autres en semant l'espoir.

Nos drames générationnels ne déterminent pas notre future mais ils nous affectent. Nous devons être conscients des drames qui sont arrivés dans notre lignée et choisir de guérir. Guérir les vieilles blessures. Par le fait-même nous nous débarrassons des drames pour le bénéfice des prochaines générations. Soyez la voix qui ne cache plus la vérité derrière le silence et les portes fermées. Soyez prêts à regarder dans le placard de votre génération et faites le travail nécessaire pour le nettoyer.

Chapitre 12

Mon Voyage avec le Refoulement

Le refoulement c'est ce que j'ai connu. Même si je n'avais pas de mots pour mon comportement et mes actions, je refoulais. Lorsque le refoulement est apparu dans mon mariage, ça ne m'a pas semblé différent. Actuellement, c'était réconfortant, c'était quelque chose que je connaissais et qui m'apparaissait quelque fois comme étant amical. C'était ma zone de confort. J'étais à l'aise à ne pas avoir de besoins et de refouler pour plaire aux autres.

Lorsque Scott a commencé à utiliser des médicaments sous prescriptions et à abuser de l'alcool, j'ai eu l'envie de rompre mon mariage. J'aimais Scott énormément, mais notre relation s'effondrait. Ses addictions détruisaient nos vies. Il ne s'occupait plus des enfants ni de moi. Je l'ai supplié de chercher de l'aide. Malgré mes supplications, il refusa de regarder pour de l'aide individuelle ou en tant que couple.

Étant incapable de mener ma vie par mes propres choix, je sentais que mon pouvoir m'était complètement enlevé. Je devais demander de l'argent à Scott et recevoir son accord pour chaque achat. Cela m'étouffait, je me sentais seule, sans valeur et très petite. Je claudiquais sur la pointe des pieds autour de ce que je croyais que je méritais. Chaque mois, Scott me donnait une allocation qui n'était pas pour des nouveaux vêtements ou le Spa; c'était typiquement pour l'épicerie et nos besoins personnels.

Lorsque je suis retournée travailler, Scott discontinua mon allocation, encore fallait-il que je couvre les dépenses comme l'épicerie, le gaz pour ma voiture et les besoins des enfants. Mettre de l'argent de côté pour laisser mon mari devint impossible. Durant une crise avec notre chiot, je reçu une facture du vétérinaire de $800. Comme je ne pouvais pas appeler Scott pour de l'aide, j'ai dû la chargée, à contrecœur, sur ma carte de crédit, ce qui m'endetta encore plus. Le désespoir de ne pas pouvoir mettre de l'argent de côté afin de m'échapper pesait lourdement sur moi.

Mes intestins répondant à ma nervosité, il m'était devenu très difficile de manger. Au cours des années, mon système digestif devint de plus en plus intolérant vis à vis une variété d'aliments. Après quelques chirurgies, tout ce que je pouvais avaler était du bouillon de poulet à cause de sévères reflux acidiques. L'impact se transforma en une perte de poids significative, ce qui déclenchât une série de questions des gens autour de moi concernés sur l'état de ma santé. Malgré mes difficultés, je souriais toujours et les réassurais que j'allais très bien.

Ma résistance à parler venait de mon profond désir de ne pas ternir la réputation de mon mari, spécialement en considérant l'admiration que notre petite ville avait pour Scott. J'étais aussi concernée que révéler la vérité pourrait compromettre sa cause légale, même si je croyais sincèrement qu'il avait été accusé à tort et qu'il aurait dû gagner sa cause.

Lentement, le refoulement m'a endommagé à l'intérieur. Les murs se refermaient sur moi et m'engloutissaient. Je me suis construite une façade, un mensonge englobant mon rêve ultime d'une famille à l'image parfaite. La croyance, qu'en prétendant d'être heureuse pourrait conduire à un bonheur réel, fut prouvée fausse. J'étais aux prises avec une profonde solitude et tristesse.

Le contraste saisissant entre mon rêve ultime d'un père aimant et engagé avec mes enfants et la triste réalité me décourageait. Être témoin de mes enfants qui souhaitaient que leur père soit présent et affectueux, surtout lorsqu'ils voyaient d'autres papas jouer avec *leurs* enfants, s'additionna à mon chagrin. Les larmes de Sophia reflétaient son désir pour l'amour de son père tandis que Mateas gardait sa peine à l'intérieur ou, à l'occasion il faisait des crises de colère et claquait les portes. L'impact s'étendait sur nous tous, chacun avec ses crises de colère occasionnelles, ce qui devint la réponse collective à la douleur sous-jacente.

Chapitre 13

L'Appel des Cactus

La réalisation que nous devrions partir de l'Alaska pour l'Arizona était accompagnée d'une intuition forte qui me poussait à déménager.

En Septembre 2020, je m'envolais pour la ville de Québec afin de faire mes adieux à ma grand-mère de 93 ans. Ma dernière conversation avec elle changea la trajectoire de ma vie et me poussa vers ma vérité. Elle mentionna comment un stress non-géré lui avait causé un cancer du sein lorsqu'elle était dans la soixantaine. Elle avait été capable de survivre à ce cancer mais elle m'a dit, « Fais attention lorsque ton corps te parle ». Ce message me propulsa à prendre un rendez-vous pour une mammographie lorsque je retournerais en Alaska. Mes résultats montrèrent un cyste et une rupture dans un de mes implants mammaires. J'ai passé sept jours avec ma mère en Arizona, ce qui marqua ma première visite dans cet état. La différence entre le froid glacial de l'Alaska et ses conditions nocturnes était un contraste marquant avec le soleil de l'Arizona.

En plus de me réchauffer, le soleil de l'Arizona me remplit de joie. L'atmosphère vibrante, les restaurants, les boutiques, les randonnées et les couchers de soleil m'ont définitivement laissé une impression durable. J'ai ressenti un profond désir de faire de l'Arizona mon chez-moi, afin de m'évader des hivers sombres et prolongés de l'Alaska.

Durant ma période de récupération, j'ai reçu d'excellents soins et j'ai profité de l'opportunité pour me reposer, lire et j'ai aussi engagé des conversations significatives avec ma mère. Ce fut pendant ces conversations que je me suis ouverte à elle à propos de la misère que je façais à la maison. Ma mère partagea aussi sa profonde préoccupation vis-à-vis Scott, et ensemble nous avons cherché des moyens pour le supporter. Nos prières journalières étaient dédiées à notre protection et l'espoir que Scott pourrait reconnaitre la bonté qui l'entourait.

Après une semaine, je rentrais à la maison et me sentais remarquablement bien. A ma grande surprise, je n'avais plus mal et n'avais aucun besoin d'Opioïdes pour le soulagement de la douleur. J'avais consciemment choisi d'éviter les Opioïdes parce que je connaissais leur potentiel à piéger les individus vers l'addiction. J'avais dit à mon docteur que je n'en voulais pas et il me réassura que je n'en aurais aucun besoin. Les Opioïdes m'effrayaient parce que je voyais comment Scott en était prisonnier.

Ce fut un grand soulagement de découvrir que mon cyste était bénin et que la rupture de l'implant avait été enlevée avec succès. Excitée sur les possibilités, j'ai partagé mon enthousiasme avec Scott et suggéré un déménagement. Cependant, il ne partageait pas mon excitement et exprima une aversion pour la chaleur et le soleil. Sans me laisser décourager, pendant la nuit, je recherchais des maisons et des écoles en Arizona, et je découvris de très belles options éducationnelles pour les enfants et de belles maisons.

J'espérais et rêvais de la vie que je désirais, désespérée d'emmener Scott et les enfants avec moi.

Ma curiosité m'amena à explorer tout à propos de l'Arizona, des pistes de randonnées et restaurants jusqu'aux activités pour les enfants. La perspective de plaisirs sans fin et l'habilité de conduire dans d'autres états sans prendre l'avion s'additionnèrent à l'appel. Éventuellement, je me suis mise à questionner mon obsession sur l'Arizona, la jugeant comme un rêve irréaliste. Consciemment j'ai arrêté mes recherches et refoulé ce rêve tant désiré. Lorsque j'ai focussé seulement sur l'Alaska et que j'ai laissé aller mon rêve de vivre en Arizona, une partie de moi-même est morte.

Concernée sur l'éducation future de nos enfants, j'ai souvent discuté avec Scott l'idée de partir de l'Alaska avant que nos enfants commencent l'école intermédiaire et secondaire. Nous n'étions pas satisfaits des options locales et concernés sur les abus de substances parmi les jeunes, puisque l'Alaska détient le plus haut taux de suicides chez les jeunes aux Etats-Unis[2]. Même des excursions de routine à l'épicerie pouvaient nous exposer à des situations alarmantes. Scott était d'accord que, déménager avant que les enfants atteignent l'école intermédiaire, était une bonne idée, avec le Texas souvent considéré comme une destination à potentiel pour nous.

Lorsque Scott est décédé, j'ai sérieusement pensé à retourner en Colombie Britannique au Canada. Ma mère y demeurait et j'avais beaucoup d'amis là-bas. Alors, je me suis mise à

---

[2] America's Health Rankings, "Teen Suicide by State," data from CDC Wonder, Multiple Causes of Death Files, 2019–2021, https://www.americashealthrankings.org/explore/measures/teen_suicide/AK.

rechercher sur l'internet pour des maisons à Kelowna, B.C. Les textos entre mes amis du B.C. et moi étaient remplies d'excitement et d'échanges sur des maisons potentielles à être visitées, des écoles et des restaurants. J'imaginais ma nouvelle vie avec le support de mes amis et ma famille.

Puis, je me suis mise à regarder pour des maisons et des écoles en Arizona. Ce rêve me subjuguait. Je ressentais cet excitement à l'intérieur de moi-même et me souvenais combien j'aimais l'Arizona.

L'attrait de faire des recherches sur l'Arizona et ma conviction que c'était ma destinée, devinrent de plus en plus forts. Lorsque j'ai commencé à parler de cette vérité, de ce désir irrésistible, j'ai reçu beaucoup de questions comme : Qui connais-tu là-bas? Pourquoi l'Arizona? C'est le désert et la température monte à 120 en été.

L'appel pour déménager en Arizona devint de plus en plus fort et personne ne comprenait pourquoi je voulais partir pour cet état de soleil infini. Une partie de moi ne le savait pas non plus, c'était comme une fixation.

Ma réponse pour mes amis et ma famille était simple: c'était le sentiment le plus fort que mon cœur et Dieu m'envoyait. La certitude que c'était là où nous devrions vivre. J'ai dit que je demeurerais en Alaska pour une autre année et qu'après je déménagerais. Personne n'y comprenait rien, mais ils supportaient ma décision.

Un mois après le décès de Scott, une voisine arrêta me voir. J'étais en train de sortir des pneus d'hiver à crampons du garage afin de prendre des photos pour les vendre sur l'internet. Ma voisine demanda si je planifiais de déménager.

Je lui dis oui, qu'éventuellement je partirais. Elle me demanda si j'accepterais une offre sur ma maison à ce moment même. J'ai fait une pause mais à l'intérieur je savais que j'étais prête à partir, mais je pensais que c'était trop tôt pour les enfants. J'ai répondu peut-être et elle est rentrée chez elle. Un peu plus tard, sa belle-sœur appela en disant qu'elle aimerait acheter notre maison tel quelle. J'avais déjà commencé à penser que j'aurais à peinturer, faire des réparations, et gérer les visites d'acheteurs à potentiel si je mettais notre demeure sur le marché.

Tout cela me semblait accablant parce que mes journées étaient déjà pleines à traiter avec les avocats, essayer de diriger la clinique dentaire, assembler le casse-tête financier de Scott, payer les comptes, planifier une célébration de vie, aider mes enfants dans leur deuil … et la liste continuait. J'avais une liste journalière de tâches à attaquer et mettre ma maison en vente n'était pas une que je voulais additionner. Cette offre m'apparue alléchante mais je restais tout de même appréhensive. Si j'acceptais son offre, il faudrait déménager pour le 14 Juillet. Ça me semblait impossible. Comment pourrais-je déménager en essayant de faire tout le reste?

Une semaine plus tard j'ai reçu une offre formelle pour la maison. Ça m'a rendu malade et j'ai vomi toute la semaine. Je me souviens avoir essayé de lire le contrat, accoudée sur la toilette. J'étais tellement malade et épuisée. Je senti une autre vague de nausée et la purgea. Puis j'ai pris mon téléphone, pris une bonne respiration, et j'ai décidé de signer l'offre. Je me suis dit : *Merde! Je le fais!* Je ne voulais plus être en Alaska et je ne voulais certainement pas passer un autre hiver long et sombre dans cette maison isolée sur 50 acres dans la noirceur.

La réalité m'a frappé fort après cela. Mes enfants n'avaient jamais été en Arizona. Comment ce changement les affecterait-ils?

J'ai planifié une visite rapide de quatre jours en Arizona avec ma mère et les enfants. J'ai réservé nos billets d'avion et notre hôtel, puis envoyé un courriel à un agent immobilier en demandant de visiter quelques maisons durant notre séjour là-bas.

Nous nous sommes envolés vers l'Arizona et avons atterri au lever du soleil. Par le hublot, nous avons regardé les belles teintes rosées dans le ciel culminant au-dessus des montagnes qui se chevauchaient à perte de vue. En conduisant vers notre hôtel, nous avons admiré les beaux palmiers et les cactus. Il y avait de l'excitement, mais je me demandais encore si c'était là que nous devions vivre. J'espérais recevoir des signes clairs. J'amenai les enfants à un parc aquatique, un musée de dinosaures, un musée de papillons et nous avons nagé dans la piscine de l'hôtel. Le soleil et la chaleur nous faisait du bien, c'était revitalisant et guérisseur.

Le troisième jour en Arizona, nous avons visité quatre maisons au Nord de Scottsdale. J'étais persuadée que Scottsdale serait le meilleur endroit pour nous. Nous aimons les montagnes et étions habitués aux vues montagneuses. Les enfants coururent à la première maison et entrèrent. Ils jetèrent un coup d'œil à la cuisine et le salon, puis ils se sont dirigés vers les chambres. Sophia a annoncé que la chambre des maitres était la sienne. Je me suis retourné en souriant et j'ai secoué la tête *Non*. Avait-elle réellement crue que ça pouvait être sa chambre? Je pense que oui! J'ai toujours cru qu'elle était une vieille âme et qu'elle était très mature pour son âge.

Dans chaque maison, Mateas et ma mère choisissaient leurs chambres. C'était surprenant à quel point les enfants prenaient plaisir à visiter les maisons. Ils souriaient et riaient.

Ma mère aussi était excitée à la possibilité de vivre là où il fait chaud à l'année longue. Nous ne savions pas quand elle recevrait sa carte verte. Nous avions appliqué quatre ans plus tôt et, à ce jour, n'avions pas entendu parler d'une entrevue, mais nous gardions l'espoir sur la possibilité. Ça a toujours été mon rêve que ma mère vive près de nous. Nos enfants sont tellement près de leur grand-mère et nous n'avions aucune famille en Alaska qui nous supportait. Ma famille entière était au Canada et la famille de Scott vivait en Oregon.

En entrant dans la troisième maison, les enfants se précipitèrent afin de choisir leur chambre. J'aimais bien la cour arrière avec une piscine, beaucoup d'espace à l'extérieur et une vue splendide des montagnes. Ma mère aimait le foyer, les détails de la cuisine et la vie extérieure anticipée. Elle avait créé deux stations balnéaires, 'Lit et Petit Déjeuner' au Canada et elle était excellente à remarquer le potentiel des maisons. Je pouvais voir qu'elle aussi aimait cette maison.

Près de cette maison, se trouvait une piste cyclable menant à une école avoisinante. J'étais excitée mais pas encore convaincue que c'était la maison. Je voulais ressentir, c'est celle-là, mais je n'étais pas aussi convaincue sur ce choix que ma mère l'était. C'était notre premier choix tout de même, et j'ai mentionné à l'agent immobilier que nous étions peut-être intéressées à soumettre une offre. Une coïncidence étrange était que le mari de la propriétaire était mort de façon inattendue et elle voulait déménager. J'ai vu cela comme un signe possible.

Nous sommes retournés en Alaska et j'hésitais à mettre une offre sur cette maison. Je savais que le marché était difficile et qu'il fallait faire vite. L'agent immobilier m'appela pour me dire que quelqu'un d'autre devait mettre une offre avant 5p.m. et que si j'étais intéressée je pouvais en faire autant. Je n'étais pas encore convaincue mais à ce point, mais je devais trouver une maison rapidement. J'ai donc soumis une offre sur cette maison au Nord de Scottsdale. La propriétaire avait maintenant deux offres et je croyais que connaissant ma situation, elle me choisirait.

Le lendemain, l'agent immobilier m'appela pour me laisser savoir que la propriétaire avait choisi l'autre famille. J'ai pris une grande respiration en me demandant pourquoi j'avais attendu si longtemps pour soumettre une offre. J'avais gâché notre opportunité. Nous aimions tous cette maison. J'étais triste et découragée. C'était accablant. Tellement de décisions importantes pesaient sur mes épaules. J'étais vidée. Comment pouvais-je prendre des décisions claires à ce moment-là?

La célébration de la vie de Scott se passerait en Juin, ce qui ne me donnait pas assez de temps pour retourner en Arizona. Alors, j'ai continué à regarder les maisons en ligne et envoyé des courriels aux écoles.

C'était très difficile de chercher de si loin. On ne peut pas ressentir la maison, le voisinage et les écoles. Ce n'était que des photos et des commentaires sur les écoles. J'ai même pensé à louer la première maison. Mais louer couterait le même montant qu'un paiement hypothécaire.

Comme la journée de célébration approchait, je me sentais de plus en plus nerveuse et ne pouvais pas me concentrer sur autre chose que cette célébration. Je devais écrire mon eulogie et me demandais si je serais capable de parler devant tout le monde. J'avais décidé d'avoir la célébration en Oregon au vignoble du père de Scott qui était décédé le jour après la mort de Scott. La célébration pour mon beau-père se passerait la veille de celle de Scott. Les deux avaient beaucoup d'amis communs qui assisteraient aux deux évènements. J'ai pensé qu'avoir les deux célébrations de vie un jour après l'autre rendrait les choses plus faciles pour tous. Scott aimait visiter la maison de son père et le vignoble. C'était un endroit bien spécial pour nous.

Une semaine avant les célébrations de vie, je dû me rendre aux funérailles du père d'une de mes très bonnes amies. Je voulais être présente pour elle et sa famille. Ils étaient tous comme de la famille pour nous en Alaska et je les aimais beaucoup.

Comme j'entrais dans l'église, j'aperçu la mère de mon amie qui accueillait les gens. Je me dis que ce serait moi dans une semaine. J'ai mis mes bras autour de sa mère et les larmes ont commencées à couler sur mes joues. Les larmes coulaient abondamment et je me mis à pleurer de façon incontrôlable. J'étais embarrassée alors, je me suis retirée un peu plus loin. J'étais venu pour les soutenir et renforcir *leur* famille. Je me suis assise dans l'église où j'ai essayé de me calmer. Cela m'a pris au moins cinq à dix minutes. Je n'arrivais pas à arrêter mes larmes. Des amis sont venus s'assoir près de moi et m'ont frotté le dos pendant que tous chantaient les belles chansons d'église. Je ne pouvais pas chanter. Les larmes menaçaient de recommencer. C'était une très belle célébration et j'ai été capable de rester forte pour la deuxième partie.

En retournant à la maison, j'ai pensé aux funérailles de Scott qui approchaient et j'ai réalisé que je serais probablement en larmes et ne pourrais pas parler. Néanmoins, j'ai terminé d'écrire mon eulogie. Comment mes enfants réagiraient-ils à cet évènement? Ce serait accablant pour eux aussi. Pourquoi ne pas créer un coin tranquille pour les enfants pour cette journée? Un endroit où ils pourraient se retirer et se sentir en sécurité. J'ai donc acheté une tente blanche et des meubles gonflables. Ma belle-sœur, qui demeure en Oregon, m'a aidé à remplir cette tente d'oursons en peluche et de projets manuels. Cela s'est avéré la meilleure décision pour nos enfants. Ils l'ont utilisé pour les deux célébrations. Ce fut trop pour beaucoup d'entre nous et la tente fut une belle retraite où aller avec leurs cousins et leurs amis.

Le jour de la célébration de mon beau-père, nous étions tous nerveux, mais en tant que famille nous nous supportions les uns les autres. Il y avait les beaux-frères de Scott, ses belles-sœurs, avec leurs conjoints et leurs enfants. Je savais que je verrais aussi un de ses frères auquel Scott n'avait pas parler depuis des années. J'essaie toujours de me comporter avec amour et compassion et l'ai enseigné à mes enfants. On s'élève toujours lorsque l'on se sert de l'amour au lieu de la haine.

Lorsque ce frère arriva avec sa femme et ses enfants, je me suis demandé s'ils viendraient nous saluer. Ce qu'ils ne firent pas. Sophia a couru vers moi et m'a dit « *Maman, j'ai vu mon oncle. Puis-je aller lui dire allô?* » Je lui ai répondu, « *Bien sûr, allons-y.* » En chemin, je fus prise dans une conversation et Sophia décida de ne pas m'attendre. Elle continua par elle-même. Elle a couru vers moi et s'est exclamée, « *Maman, je l'ai fait. J'ai dit allô à mon oncle.* » Elle était fière et contente de le voir. Je crois qu'il lui rappelait son père. J'étais contente et très fière d'elle. Elle y était allée avec son cœur sans trop y réfléchir et sans laisser la peur l'absorber.

Sophia me dit qu'elle aimerait lui demander de venir le lendemain pour la célébration de vie de son père. Il n'avait pas répondu au RSVP, mais je dis quand même oui en voyant la force de ma fille. De loin, je l'ai regardée et l'ai vu revenir en courant vers moi. Un coup d'œil dans son regard m'a montré qu'elle était sur le bord des larmes. Sachant ce que la réponse avait été, je lui ai donné un gros câlin. Je lui ai dit que c'était probablement trop fort émotionnellement mais elle ne pouvait quand même pas comprendre. Elle avait un frère et ne pouvait pas saisir cette idée.

A la fin de la célébration de vie de mon beau-père, j'ai marché vers mon beau-frère et lui ai dit bonjour. Cela m'a fait du bien de lâcher prise.

Trop de dommage avait été causé. Trop de tristesse et de souffrances pour la famille entière qui avait perdu deux hommes incroyables en deux jours seulement. C'était vraiment trop. Je voulais que les égos et les masques tombent.

Ce fut la dernière fois où j'ai vu le frère de Scott et sa famille. Une fois que nous avons déménagé, j'ai dû concentrer sur notre guérison et j'avais grand besoin d'espace pour ce faire. J'ai appris à gérer le chagrin et les blessures. Je prie pour eux maintenant et leurs envois de l'amour et de la lumière. Lâcher prise fut mon premier pas vers la guérison, mais cela a pris du temps et de la persévérance. J'ai aussi de la compassion pour leur chagrin.

Le lendemain, le jour de la célébration de vie pour Scott, nous avons passé l'avant-midi à nous installer. Juste avant que les invités arrivent, je me suis senti submergée et je m'en faisais pour chaque détail, alors je me suis retirée pour quelques minutes. Je devais laisser aller et avoir confiance que tout irait bien.

Mon amie replaça mes cheveux et me dit, « *Je suis fière de toi pour t'être éloignée lorsque tu n'en pouvais plus.* » Cela m'a fait du bien d'entendre ces mots, je me suis sentie calme et prête à recevoir les invités. J'étais excitée de revoir ma famille qui était venu de la ville de Québec, quelques amis du Canada que je n'avais pas vus depuis un bout de temps et tous les amis de Scott et les membres de sa famille. La présence de tous ces gens créa une énergie d'amour.

Soudainement, il se mit à pleuvoir très fort, mais heureusement, nous avions des tentes. J'ai définitivement senti que Scott désirait être entendu. Il voulait nous laisser savoir qu'il était parmi nous. La pluie était tellement forte que l'on avait de la difficulté à entendre les paroles du pasteur. J'étais la prochaine à parler. J'ai marché au podium avec Sophia et Mateas à mes côtés. Ils étaient là pendant que je lisais mon eulogie. Tout à coup, la pluie s'est arrêtée. En repensant à ma réaction de la semaine d'avant lors des funérailles en Alaska, je fus surprise de l'aisance que je démontrais en parlant devant tous ces gens sans me mettre à pleurer. Sophia voulait aussi parler et elle avait préparé un petit texte. J'ai terminé mon eulogie et lui ai laissé le podium à son tour. Mateas et moi sommes demeurés à ses côtés. Elle parla clairement et avec confiance. J'étais impressionnée et en admiration devant sa force. Mateas avait seulement six ans et choisi de ne pas parler devant tout le monde.

Nous sommes retournés nous assoir pour écouter tous les autres beaux messages. J'aurais dû engager un vidéographe pour capturer tous les textes et les événements de cette journée. Mes enfants ont adoré entendre toutes les histoires drôles et magnifiques à propos de leur père. Le soleil se pointait à travers les nuages maintenant.

Comme je continuais à écouter ces belles histoires, de temps à autre, Mateas se levait pour se rendre à la tente calmante et pour jouer avec ses amis. Il portait un habit bleu pâle avec une chemise blanche et des souliers blancs. Comme nous écoutions tous quelqu'un parler une petite voix dit « *Je suis désolé maman* ». Je me suis retourné pour regarder mon fils assis à côté de moi et réalisa que ses cheveux étaient mouillés, qu'il était couvert de boue et que ses petits yeux bleus semblaient inquiets sur ce que j'allais dire. Je me suis mise à rire. « *Oh, mon Dieu, qu'est-ce qui t'es arrivé?* » Un ami avait trouvé un bâton pour piquer le toit de la tente afin de déloger l'eau qui s'y était accumulée. Mateas pensa qu'il serait amusant de se tenir sous le jet d'eau. A cause de la pluie, le sol était devenu de la boue et il avait couru et s'était amusé dedans. Il me sourit, heureux que je ne sois pas fachée. C'était trop drôle et plusieurs nous ont confirmé qu'il leur rappelait Scott lorsqu'il était jeune. Juste un petit garçon qui s'amusait dans la boue. Je ne vous cache pas, que j'ai gardé cet habit, sans le laver, comme évidence pour lui prouver un jour que cette histoire est véridique.

Lorsque tous les discours furent terminés, l'orchestre commença à jouer. Nous avons mangé et visité avec tout le monde. Soudainement, deux arcs-en-ciel aux couleurs vives apparurent au-dessus du vignoble. Sophia pointa du doigt et dit, « *Mon père a fait cela!* » Nous avons tous ressentis que c'était Scott et son père qui nous envoyaient un signe qu'ils étaient présents avec nous. Ce fut un moment que nous n'oublierons jamais. Il y avait tant d'amour dans l'air et je me sentais supportée par tous. J'appréciais que mes enfants eussent, eux aussi, leur amis et cousins avec eux. C'était précieux de voir le support qui leur était donné. Je vais, à tout jamais, chérir les souvenirs de cette journée. C'était tellement plus que ce que j'avais espéré.

Lors de notre envolée de retour, j'ai regardé ma mère et lui ai dit que je devais me rendre en Arizona afin de continuer à regarder les maisons et les écoles. Je devais déménager pour le 14 Juillet et nous n'avions nulle part à aller en Juin.

En tant que mère, ma priorité était de trouver une école et une communauté pour Sophia et Mateas. Je me concentrais là-dessus et priais Dieu afin qu'il me guide. Ce serait un miracle si mes enfants entraient dans une école de mon choix. Je voulais une école basée sur la foi car je ne pouvais pas tout faire seule. J'avais besoin de l'aide de Dieu et d'une communauté. J'ai pris une fin de semaine afin de trouver une école et une maison. J'atterri à Phoenix et conduisis directement pour visiter une école. Tout de suite, j'ai aimé la sensation que je recevais. Comme je m'approchais de la porte d'entrée principale, j'ai aperçu un homme qui en sortait, il me regarda.

« Êtes-vous mon rendez-vous de deux heures? » Il me demanda.

« Non, mais j'aimerais bien visiter votre école! »

« Nous nommerons ceci un geste de Dieu et je vais vous faire visiter puisque mon rendez-vous ne s'est pas présenté. »

Nous avons marché à travers la porte et il m'a montré les classes, le gymnaste, la cour de récréation, la cafeteria, la salle de science, la salle de musique et la classe d'art. J'avais une forte impression qu'un jour mes enfants iraient à cette école. Tout était parfait, mais il me dit que cette institution avait une liste d'attente de de deux à trois ans. Même si j'étais un peu découragée d'entendre cela, j'ai appliqué tout de même. Après une entrevue de dernière minute et beaucoup de prières, juste une semaine avant la rentrée des classes, on m'a dit que mes deux enfants avaient été acceptés. J'ai pleuré de joie. Mes prières avaient été exaucées. Dieu nous a placés dans le meilleur environnement et la communauté la plus accueillante pour notre famille. Je serai toujours reconnaissante pour cette opportunité.

Le miracle de notre nouvelle demeure s'est passé pas mal de la même façon. Excitée par l'amour et l'énergie créés par le miracle de l'école, j'ai commencé à chercher pour une maison. J'avais toujours rêvé d'habiter dans un voisinage où il y aurait des familles avec des enfants qui courent partout, à distance de marche de l'école et des parcs, près des places à café et des restaurants. Durant la visite d'une maison, j'ai reçu un OUI instantané. La maison était parfaite, avec une casita détachée pour ma mère. J'ai déposé une offre le même jour et le miracle de notre nouvelle demeure s'est produit avec l'acceptance de l'offre. Il y a tellement de magie ici dans notre nouveau voisinage, à partir des célébrations de Noel jusqu'aux familles qui nous ont accueillis à bras ouverts. Personne ne savait notre histoire. Ce fut un rêve réalisé et je remercie Dieu à chaque jour de nous avoir bénis avec cette communauté.

SECTION 2

OUTILS POUR LE LECTEUR

Si vous vous sentez pris, il y a de l'espoir. Si vous cachez des addictions, il y a de l'aide. Si vous vous noyer dans vos idées de suicide… **vous pouvez choisir de vivre**.

Lorsque Scott est mort, j'ai choisi de ne pas le cacher. Les gens étaient gênés, alarmés et vraiment surpris que je dévoilais la vérité. Lorsque quelqu'un me demandait comment Scott était mort, j'énonçais toujours la vérité :

Il s'est suicidé.

Ce qui a bouleversé plusieurs. Ils ne voulaient pas que je sois audacieuse en disant la vérité, mais je refusais de mentir.

Dans les deux années suivant la mort de Scott, j'ai marché sur le chemin d'une veuve à cause du suicide de mon mari, j'ai opéré une clinique dentaire, souffert du deuil pour Sophia,

93

Mateas et moi-même, fait l'objet d'un procès, homologation, et le drame familial.

Lorsque j'ai finalement partagé mon histoire sur les réseaux sociaux, je me suis sentie honorée, qu'après juste un blog, plusieurs personnes m'ont contacté. J'ai soudain réalisé qu'en étant prête à partager mon chagrin et mes déboires, j'étais devenue une personne avec qui d'autres gens pouvaient partager leurs propres expériences en toute sécurité. Je comprenais à quel point il était difficile de trouver une personne fiable, alors je tenais leurs histoires avec compassion et amour.

Il y a eu beaucoup d'autres personnes qui m'ont contactée et m'ont ouvert leurs cœurs. Chaque individu qui est venu vers moi, s'est ouvert avec une profonde vulnérabilité et honnêteté. Comme ils partageaient, j'ai pris conscience du nombre de gens qui luttent avec différentes phases de souffrances.

Il y a tellement de dentistes qui se débattent présentement avec leur santé mentale. Beaucoup traversent des dépressions profondes et beaucoup ont tenté de se suicider. Je suis triste aussi pour les femmes qui sont coincées dans des relations abusives. Ces femmes ont peur, prisonnières dans l'ombre de leur dépression et solitude. Aussi, un grand nombre d'hommes et de femmes sont pris avec de profonds chagrins, addictions et dépression.

Mon cœur ressent leur douleur et, tous les jours, je demande à Dieu comment mieux les aider. Je voudrais sauter à pieds joints pour les sauver, mais je me dois d'être patiente et de les écouter. Je les considère vraiment comme de bons amis, ils m'ont enseigné tellement de choses. Ils ont été la force motrice et m'ont tenu motivée à écrire ce livre. Ce fut par leur partage que j'ai enfin réalisé que mon message était important.

Je crois que chacun de ces individus lutte à cause du fardeau de refoulement.

Puisque j'ai écouté plusieurs d'entre eux, je veux maintenant partager les outils que j'ai acquis durant cette période et ce qui m'a permis de trouver la joie même dans la noirceur.

La section suivante est dédiée à la liberté contre la régression.

La liberté se produit lorsque nous laissons aller le besoin de refouler.

Je ne suis pas une thérapeute. Je ne suis pas une professionnelle de la maladie mentale. Je suis tout simplement une femme qui a subi un deuil tragique et des niveaux intenses de douleur. J'ai cherché tous les outils de guérison imaginables qui pouvaient aider Sophia, Mateas ainsi que moi-même à retrouver la paix.

J'ai trouvé des lueurs de vérité qui je crois vont vous aider dans votre chemin.

Je suis ici pour vous . . .

Chapitre 14

Dentisterie

Le mensonge à propos de la dentisterie est que c'est une carrière merveilleuse et un genre de vie luxueux. Beaucoup pensent que les dentistes font beaucoup d'argent, travaille seulement trois jours semaine, et que la plupart d'entre eux adorent leur carrière!

La vérité à propos de la dentisterie, en mon opinion, c'est que c'est une carrière éreintante et que vous, les dentistes, devez supporter beaucoup de craintes venant de vos patients.

Le stress qui vient du fardeau que vous portez vole la joie que vous recherchez. Je crois sincèrement que la dentisterie peut devenir une prison et que les dentistes se sentent coincés. Beaucoup de dentistes aiment créer l'art dentaire, comme Scott le faisait, mais c'est tous les autres aspects de ce métier qui le rend difficile et dont vous ne parlez que rarement.

Lorsque j'ai commencé à sortir avec Scott en 2006, je me souviens avoir visité mon dentiste et il m'a demandé comment j'allais et vers où je m'envolais. En ce temps-là j'étais hôtesse de l'air sur un jet privé et je voyageais à travers le monde entier. J'aimais mon travail! J'étais aussi excitée d'annoncer que j'avais rencontré un homme merveilleux. J'ai parlé de Scott avec mon dentiste et j'étais ravie de lui dire que Scott était dentiste lui aussi.

Il regardait mes dents et sa réponse m'a choqué. « *Tous les dentistes sont bizarres et savais-tu qu'ils sont en première pour le taux de suicide?* »

Cela n'était pas la réponse joyeuse que j'avais espérée. Je ne pouvais pas parler puisqu'il regardait encore mes dents. J'étais clouée sur place, la bouche grande ouverte pendant que les pensées se précipitaient dans ma tête. Instantanément j'ai pensé que Scott était différent. Scott n'était pas bizarre et il était heureux! J'étais persuadée que ce que mon dentiste me disait ne concernait pas Scott.

Je me demande si c'était pour me préparer pour ce qui devait arriver.

En 2021, une étude du ADA sur le bien-être des dentistes révéla que 54% des dentistes interrogés reportaient des niveaux mediums et élevés de dépression et 68% de ceux qui avaient reporté ces niveaux étaient âgés de 39 ans ou moins.

La plupart des gens ne savent pas cela et ceux qui sont au courant n'en parlent pas.

http://digitaleditions.walsworth.com/publication/?=758312&article_id=4326411&view=articleBrowser

Les dentistes ont tellement à porter sur leurs épaules. Plusieurs ont accumulé des dettes de prêts étudiants en moyenne d'un demi-million juste afin de graduer. Aujourd'hui, les dentistes qui décident de partir leur propre clinique dentaire peuvent potentiellement se retrouver avec une autre dette de deux ou trois millions de dollars pour démarrer leur clinique.

Il semble que la hausse des coûts d'équipement dentaire et les fournitures, accouplés avec l'inflation ont augmenté les dépenses globales d'une clinique dentaire. Comme résultat, afin de garder leur personnel, les dentistes ont dû fournir des hausses de salaires afin de suivre l'augmentation du coût de la vie.

Ceci est particulièrement crucial car la haute demande pour hygiénistes dentaires et des assistants dentaires a provoqué une pénurie dans les effectifs. Les assistants dentaires et les hygiénistes sont au courant de cette pénurie et peuvent ainsi nommer leur prix. Ceci travaille en ma faveur puisque je suis une hygiéniste dentaire, mais je vois aussi l'autre côté de la propriété d'un cabinet dentaire. Si les dentistes n'offrent pas des salaires compétitifs, leurs employés seront tentés de regarder ailleurs et d'accepter des offres plus alléchantes, ce qui crée des défis afin de maintenir une équipe stable et compétente.

Puisque j'ai dû gérer la pratique dentaire après la mort de mon mari, j'ai dû payé les factures. L'assurance dentaire, spécialement Medicaid, couvre à peine le vrai cout des traitements. Plusieurs dentistes n'aiment pas accepter Medicaid à cause de cela. Il est difficile de travailler pour moins que ce que vous savez être votre valeur. La majorité du temps, les dentistes gèrent les réclamations d'assurance et facilitent la collection des patients. Les collections de base s'accumulent au cours des années et deviennent impossibles à se faire rembourser.

Personnes ne vous prépare à la réalité et le stress relié à devenir un dentiste. A cause des coûts exorbitants, l'inflation des salaires et le manque de paiements des compagnies d'assurance, les dentistes doivent surproduire pour compenser leurs frais généraux élevés. Lorsque les dentistes travaillent à temps plein, ils peuvent commencer à avoir de la douleur physique. Je connais des dentistes qui ont subi des chirurgies au cou et au dos. Le surmenage et la douleur ouvre la porte à l'utilisation de produits pharmaceutiques. Les dentistes n'ont pas les moyens de prendre des congés pour leurs soins personnels ou des vacances, alors ils engourdissent la douleur afin d'être capable de continuer à travailler à un rythme intense.

Travailler comme hygiéniste quatre à cinq jours par semaine a fait des ravages sur mon bien-être physique aussi. J'ai ressenti des douleurs lancinantes dans au cou et au dos, et mes poignets montraient des signes du syndrome de canal carpien. En reconnaissant les limites de mon corps, j'ai réalisé que je pouvais travailler seulement deux à trois jours par semaine sans souffrir de douleurs sévères et débilitantes. Pouvez-vous imaginer la souffrance que les dentistes qui travaillent cinq à six jours par semaine subissent?

Je ne peux encore croire que Scott se tapait 50 patients dans une seule journée. Ceci explique la douleur physique qui l'a tellement tourmenté.

Ma vie est pleine de dentistes, à partir de ceux avec qui j'ai travaillé, jusqu'à ceux que j'ai rencontrés à des conférences dentaires et tous ceux qui font partie de mes amis. La majorité disent qu'ils détestent la dentisterie et qu'ils en ont assez. Ils se sentent coincés et calculent toujours les années qui les séparent de leur retraite. De leur point de vue, la retraite leur apparait comme la seule échappatoire. Aux conférences dentaires, il y a une culture de consommation excessive d'alcool qui continue jusqu'aux petites heures du matin. J'ai vu cela chez la majorité des dentistes, cette consommation excessive était leur manière d'échapper à leur suppression que plusieurs d'entre eux ressentaient dans leur profession. Ils utilisaient l'alcool comme leur seule libération contre le stress. Cela semblait être la seule façon qu'ils pouvaient engourdir leur douleur, calmer leur régression et avoir du plaisir.

Ces vérités ont besoin d'être adressées dans les écoles dentaires afin d'enseigner aux étudiants comment éviter le burn-out.

- Ils doivent collaborer avec leurs collègues pour ne pas avoir à le faire tout seul ou devoir travailler cinq à six jours par semaine.

- Leur enseigner d'être vigilant sur leur santé mentale à cause de la négativité qu'on leur lance à tous les jours.

- Ils ont besoin d'exercices physiques pour renforcir leur corps et leur dos.

- Ils ont besoin de cours sur comment organiser une vie à la maison tout en établissant leur carrière.

Les dentistes devraient joindre une communauté dentaire qui supporte leur santé mentale et partage la sagesse des affaires. Ils ont besoin de cette communauté!

Il y a beaucoup trop de dentistes qui se suicident. Cela ne peut plus être balayé sous le tapis ou être ignoré. Quelque chose doit changer.

Je propose l'établissement d'une ligne d'aide dentaire où les dentistes peuvent connecter avec leurs collègues ou mentors qui comprennent vraiment les défis de leur profession. Avoir un dentiste avec qui parler et qui sympathise avec les rigueurs de la dentisterie pourrait encourager plus de dentistes à chercher du support. Une solution possible est d'impliquer des dentistes à la retraite comme agents sur cette ligne d'appel à l'aide. En plus de leur donner un regain au-dedans de la communauté dentaire, ils pourraient partager la sagesse et l'expérience qu'ils ont acquis durant des années de pratique et offrir des informations et conseils précieux.

Je ne connais pas ma part dans ce voyage avec les dentistes, mais je sais que j'ai une part à jouer. Je ne peux pas me taire. Nous nous devons d'être présents pour eux et les supporter de la façon dont ils ont besoin. Je désire faire une différence pour les dentistes de partout. Si vous désirez vous joindre à moi dans cette cause, scannez ce code

Si votre but de devenir dentiste est l'argent, vous pourriez éventuellement vous sentir coincé. Je vous invite à trouver votre véritable passion. La passion d'être de service à l'humanité vous transportera beaucoup plus loin vers une vie heureuse et accomplie.

Vous êtes responsables des sourires des gens. Vous créez de très beaux sourires et donnez à vos patients la confiance qu'ils avaient perdue. Vous prenez les peurs de vos patients et regagnez leur confiance. Vous allégez les maux de dents qui sont parfois insupportables. Vous faites vraiment une différence dans ce monde, plus que vous l'estimez, et votre travail doit briller.

Si vous vous débattez présentement comme dentiste, vous n'êtes pas seul et n'avez pas à le faire tout seul! Je recommande hautement de joindre une organisation partenariat dentaire afin de vous décharger de ce poids. Le plus important c'est d'apprendre à s'aider soi-même. En prenant soin de vous-même, cela vous permettra d'aimer les autres et de les laisser vous aimer. La dentisterie est une carrière extrêmement difficile, que ceux en dehors de cette profession ne peuvent comprendre. Il y a des moyens d'amoindrir le fardeau et laisser votre cœur, au lieu de votre cerveau, vous guider. Je sais que le coté analytique va essayer de convaincre le cœur contre la vérité, mais laissez votre cœur vous guider. Être de service avec vos compétences peut vous amener tellement de joie. Plus vous vous soumettrez, plus vous verrez combien de vies vous impacterez.

Chapitre 15

Abus Mental et Psychologique

Le mensonge est que nous pouvons changer les autres.
La vérité est qu'ils doivent être prêts à faire les changements eux-mêmes.

Beaucoup de gens qui sont dans une relation abusive souffre de l'invalidation de leurs expériences. Après avoir parlé avec plusieurs femmes qui sont actuellement abusées, leur commun dénominateur est : Elles se pensent folles. Plusieurs sont isolées dans leur expérience et la seule personne qu'elles ont est leur partenaire, celui qui est empêtré et souvent l'auteur de l'abus.

L'isolation des amis et de la famille amplifie l'expérience de la personne abusée qui se questionne sur elle-même et l'amène à refouler ce qu'elle ressent vraiment. Je le sais, pour l'avoir vécu, que bien souvent lorsqu'elles essaient de parler avec leur partenaire à propos de son comportement, le partenaire sera vite à déformer ses mots (Jeter de l'essence sur le feu) et à retourner le blâme sur les épaules de la personne abusée (Transfer de responsabilités).

Souvent, lorsque l'abusée se bat pour faire entendre sa voix, elle est réduite au silence avec punitions. Ces punitions peuvent être réalisées par des mots méchants et blessants, ou pire, par le traitement du silence. L'expérience d'être mise au pied du mur est l'une des pires formes d'abus. Être ignorée complètement et rejetée est une blessure profonde de négligence et apporte des impacts durables sur le bien-être et la santé mentale de la personne abusée.

Très souvent, lorsqu'une personne est abusée, elle est aussi associée avec un partenaire qui est probablement lui aussi coincé dans sa propre dépression, addiction à l'alcool ou drogues, ou accablé de chagrin. Le tout coïncide. Lorsque des êtres humains se trouvent dans une dépression profonde, ils sont incapables de voir ou d'aimer leurs partenaires. Lorsque la dépression domine, la raison n'existe plus. Lorsque le chagrin est trop fort, la vie perd son sens.

J'ai vécu cette vie avec Scott. Je sais qu'il n'était plus lui-même vers la fin de notre vie ensemble. L'accélération de son usage de drogues combinée au stress accablant de la poursuite judiciaire ont créé un environnement toxique dans notre foyer.

Je me souviens d'une fois lorsque je l'avais confronté sur la possibilité d'une liaison amoureuse possible, il a aussitôt rejeté cette idée et ne m'a pas adressé la parole pour les prochains jours, incluant le jour de mon anniversaire. Le jour de ma fête, je me suis éveillée sans qu'il ne me dise un mot. Il ne m'a même pas souhaité Bonne Fête.

Je me souviens m'être assise sur notre galerie dans un océan de larmes.

La dépression n'affecte pas seulement la personne qui est dépressive. Ça rejoint tous ceux que vous aimez et ceux qui vous aiment.

J'avais toujours vécu une vie de répression mais mes interactions avec Scott, lorsqu'il était aux prises de sa profonde dépression et lorsqu'il abusait des drogues, n'ont fait qu'aggraver mon besoin de refoulement.

Après avoir communiqué avec d'autres femmes qui ont vécu ou vivent le mêmes expériences ou pires, je reconnais un trait particulier: elles disent devoir marcher sur des coquilles d'œufs et d'avoir parfois peur de respirer.

Ces femmes ont partagé avec moi leur frustration de toujours se remettre en question, se demandant si elles étaient réellement folles puisque leur mari traitait qui que ce soit d'autre avec gentillesse et amour mais n'arrivait pas à la traiter (sa propre femme) de cette façon.

Si vous vous trouvez dans la situation que j'ai vécue, j'aimerais vous donner un conseil dont j'aurais eu grand besoin au moment où j'étais abusée: Trouvez un groupe local de support pour personne abusée afin de vous sortir de votre isolement. Ce groupe sera un endroit sécure où vous pourrez partager ce que vous traversez. Plusieurs de ces groupes permette aux enfants de s'y joindre, et d'autres offrent WhatsApp groupes ou des Zoom meetings. Appelez un réseau local sur la violence domestique et l'abus sexuel. **Mettre hotline US et Cdn ici.**

Ou vous pouvez appeler un refuge local pour femme abusée et leur demander de vous guider afin d'établir un plan. Vous aurez besoin de ce plan pour vous enfuir avec vos enfants en sécurité. Il y a des avocats qui se spécialisent sur les divorces avec violence domestique. Commencez par vous documenter; écrivez les évènements en détails. Prenez des photos, ou essayez d'enregistrer les incidents. Si les policiers se pointent, dites leurs *toute la vérité.* Je sais qu'il est difficile d'entrevoir la possibilité de prison pour quelqu'un que probablement vous aimez encore, mais à ce point, ils ont besoin d'aide professionnelle et vous avez besoin de sécurité. Les policiers ne peuvent pas présumer que vous êtes abusée. Ils auront besoin d'une déclaration authentique afin de pouvoir vous aider. Ça peut être effrayant pour les enfants de dire la vérité parce qu'ils ne veulent pas que leurs parents soient en troubles. Aidez-les à se sentir en sécurité et enseignez-leur cette réalisation pénible – que leurs parents ont besoin d'aide. Priez avec vos enfants et demandez à Dieu de vous guider afin que vous puissiez garder votre famille en sécurité et pour vous ouvrir les portes afin que vous vous échappiez.

Trouvez un conseiller. Plusieurs offrent des appels Zoom maintenant. Lisez des livres sur l'abus familial, écoutez des comptes rendus sur l'abus et comment certains s'en sont tirés. Cela vous permettra de voir plus loin que votre brouillard quotidien. C'est tellement facile de démissionner et de penser qu'il n'y a aucune échappatoire. Vous êtes épuisée et ne voulez plus vous battre. Pensez à votre santé et comment cette tourmente vous atteint; même après une nuit de sommeil de huit heures, vous vous sentez quand même épuisée; vous perdez vos cheveux; votre anxiété s'accentue; vous commencez à vous sentir dépressive ou pire vous avez des idées suicidaires. Vos enfants tombent malades en tout temps; leurs systèmes immunitaires sont affaiblis (ainsi que le vôtre). Ils agissent avec colère. Ce sont tous des signes de systèmes nerveux déréglés.

Chapitre 16

Deuil

Le mensonge à propos du deuil est que juste quelques-uns en feront l'expérience.
La vérité est que tous auront à subir le deuil un jour. Tous.

Chacun de nous aurons à faire face au deuil durant nos vies. C'est une émotion de l'expérience humaine. Le deuil peut créer les temps les plus difficiles et les plus sombres de votre vie. Vous devrez vous réinventer parce que vous étiez tellement habitué d'avoir autour de vous la personne dont vous faites le deuil. L'expérience d'un deuil implique la navigation à travers différentes émotions et souvent l'étape initiale et la plus difficile est la colère. Les cinq étapes du deuil sont : le rejet, la colère, la négociation, la dépression et l'acceptation. Ces étapes démontrent les différentes phases émotionnelles que l'on subies durant le processus du deuil. La colère est fréquemment identifiée comme l'une des émotions primaires dans ce déroulement et est considérée comme l'aspect le plus difficile à facer.

Vous ne pouvez pas traverser cela seul. Le deuil va vous engloutir. Alors il est impératif de trouver un conseiller sur le deuil ou un qui traite les traumatismes. Trouvez un conseiller qui pourra vous enseigner la guérison somatique comme le tapotement, le travail sur votre enfant intérieur, le mouvement des yeux, la désensibilisation (EMDR), ou une des autres nombreuses modalités de guérison.

Ce qui pourrait aider énormément aussi, serait de trouver un groupe de soutien du deuil comme votre communauté, église, école ou en ligne. C'est là que vous trouverez d'autres personnes qui subissent ce que vous passez à travers ou au moins quelque chose similaire à ce que vous subissez. Vous engagez dans un groupe de soutien éliminera la sensation douloureuse que vous êtes seul. Cela vous permettra aussi de partager votre histoire sans vous sentir comme un fardeau avec vos amis. Même si vos amis et membres de votre famille peuvent être de très bons confidents, il est parfois difficile de s'ouvrir complètement a ceux qui nous connaissent. C'est pourquoi demander de l'aide aux professionnels et aux groupes de soutien devient essentiel.

Sur mon trajet pour surmonter le profond chagrin de la mort de Scott, j'ai trouvé les pratiques suivantes très utiles et j'espère qu'elles seront un guide pour vous durant votre deuil.

Travail Respiratoire

Le Travail Respiratoire m'a aidé énormément durant la période de mon deuil. A l'époque, j'étais aux prises avec le souvenir troublant d'avoir trouvé Scott après qu'il se soit enlevé la vie. Cette vision me hantait et pouvait surgir sans préavis. Je pouvais marcher dans une allée de l'épicerie quand soudainement cette vision apparaissait dans ma tête et je me mettais à pleurer comme une enfant. Je me souviens être au gymnase, prête à commencer mon entrainement, lorsque la vision m'apparut; ce qui m'obligea à partir sur le champ car mes émotions étaient devenues incontrôlables.

En pratiquant le Travail Respiratoire de manière constante, je me suis rendu compte que ces images néfastes se manifestaient de moins en moins. Durant une session particulière de Travail Respiratoire, la vision devint plus forte qu'auparavant. C'était comme si je ressentais ce moment horrifique encore une fois. Soudainement, alors que je regardais cette image je la vis être attirée loin de moi vers une lumière dense. Après cette expérience, je n'ai plus jamais été accablée par cette vision qui apparaissait sans être invitée. Ces séances respiratoires se sont avérées une façon extraordinaire de laisser aller la souffrance que j'avais emmagasinée au fond de moi. Je pleurais à la fin de certaines de ces séances car c'était le relâche dont j'avais grand besoin.

Parce que le Travail Respiratoire a fait un impact très important dans ma vie, j'ai pris un cours sur le sujet et suis devenue certifiée. Je peux donc maintenant offrir un environnement sécure pour exprimer les émotions emmagasinées. Le Travail Respiratoire permet aussi de vous reconnecter avec vous-même. Il aide à vous remémorer qui vous êtes et votre but. Il peut nous réunir avec nous-même et nous ramener à la plénitude.

Thermothérapie (Bains Froids)

La thermothérapie est un autre outil qui vous aidera à passer à travers votre deuil en augmentant votre résilience au stress et va aussi vous aider à laisser aller ce qui ne vous sert plus. Chaque fois que j'entrais dans un bain froid, j'étais capable de déverser ma colère et mes peurs dans l'eau. Puis je priais

Dieu et mes anges pour leur guidance et leur protection pendant que je méditais dans l'eau glaciale pour trois à six minutes.

Lorsque je suis arrivée en Arizona, la première chose qui m'inspirait était de trouver un endroit où pratiquer la Thermothérapie. Je fus chanceuse de trouver Re-Connect Mind & Body, tout en sachant que j'avais, une fois de plus, été inspirée Divinement. Re-Connect débute avec une session de Travail Respiratoire avant la Thermothérapie. Lorsque vous êtes dans l'eau, les instructeurs vous murmurent de lâcher prise et d'offrir à l'eau ce qui ne vous sert plus. Ils jouent aussi des sons harmonieux sur des Bols Sonores ou des tambours pour aider votre médiation.

Durant la dernière année, je me suis rendu à Re-Connect une fois par semaine. Mes visites se sont avérées un facteur massif pour me guérir durant mon deuil.

Écrire

Écrire devrait faire partie intégrante de toutes guérisons. C'est un passe-temps gratuit et peut être performé n'importe où. Si vous n'avez jamais écrit dans un journal personnel, laissez-moi vous guider. Commencez avec un journal et écrivez quelque chose à chaque jour. Si vous n'avez pas d'inspiration, demandez-vous ce qui vous tracasse présentement et ajouter une chose pour laquelle vous vous sentez reconnaissant à cet instant précis. Il y a toujours quelque chose dont nous sommes reconnaissants. Écrivez sur ce *sujet*.

Je me souviens lorsque ma thérapise m'a demandé d'écrire une lettre de rancune à Scott. Elle m'a invitée à *ME METTRE* en colère parce qu'il nous avait laissés. Je ne m'étais pas permise cette rancune. J'étais chagrinée. J'avais le cœur brisé, mais j'étais aussi fâchée. Fâchée qu'il ait choisit de partir. Fâchée que mes enfants auraient à vivre toute leur vie sans leur père. Tout en écrivant cette lettre, j'ai ressenti une grande portion de ma souffrance se détacher de moi.

Écrivez! Écrivez! Puis écrivez encore!

Je suggère que vous écriviez un livre juste pour vous ou, encore mieux, pour que tous et chacun le lisent (comme je l'ai fait). Tout cela fait partie de la réalisation du refoulement et accélère le processus de la guérison. Je n'avais jamais pensé que j'écrirais un livre un jour mais ma merveilleuse guide, Keira Brinton, m'a guidé à travers le processus. Non seulement elle m'a aidé à écrire ce livre mais elle s'est assurée que mon système nerveux soit balancé durant cet accomplissement. Je n'ai connu aucun blocage d'écrivain ou d'épuisement. Sa compétence fut inestimable.

Danse

Une autre clé époustouflante pour contrecarrer le deuil est de se mettre à danser. L'on m'a déjà dit que nous retenons notre chagrin dans les hanches. Le deuil vit dans notre corps. Il est trappé dans les poumons et est retenu dans nos hanches. Lorsque vous dansez, vous pouvez rejeter le chagrin des endroits où il est retenu. Danser peut aussi devenir libérateur et plaisant! Et, cette motion des hanches peut aider à laisser aller les drames stockés. La danse est la libération totale du refoulement.

Exercice, Nutrition, Abstinence

Ceci n'est que mon point de vue et ce que j'ai vécu lorsque j'ai adopté ce genre de vie. Consultez toujours un professionnel de la santé au sujet de votre propre santé.

D'après mon expérience personnelle, l'exercice, la nutrition et s'abstenir des dépresseurs comme l'alcool, furent les clés essentielles qui m'ont permis de ressentir chaque étape du deuil. Je me suis trouvé un gymnase qui a un bel aspect communautaire et de camaraderie. J'essaies de manger seulement des aliments sains afin de garder mon corps et mon esprit sains. Lorsque j'étais soumise à un haut niveau de stress, j'avais des problèmes de digestion. J'avais des reflux acidiques. Mes intestins ne pouvaient pas tolérer les aliments. Je pouvais à peine manger. Pendant un bon moment, je ne pouvais manger que des craquelins accompagnés de bouillon de poulet. Je me suis donc rendu chez un naturopathe afin de réparer ma santé intestinale. Elle m'a donné des vitamines et a mentionné que mes issues gastrointestinales étaient reliées au stress.

Je suis une adepte des aliments organiques, ou mieux, des aliments venant de fermiers locaux. Le plus frais possible est toujours mieux! Aussitôt qu'un aliment est cueilli, il commence à perdre son énergie et ses valeurs nutritives. Les produits organiques sont censés avoir moins de pesticides mais je suis consciente qu'il est difficile d'en faire la preuve. Le poisson est ma source de protéine favorite! Tout spécialement le Saumon Sauvage Royal de l'Alaska! Ça me manque d'avoir un congélateur plein de poissons fraichement pêchés. Est-ce qu'acheter organique augmentera votre facture d'épicerie? ABSOLUMENT!

Des années à consommer de produits transformés, du sucre, et la consomption élevée d'alcool peut vous rendre malade physiquement et mentalement. Vous aurez beaucoup plus d'énergie durant toute la journée lorsque vous changerez vos habitudes alimentaires. D'un autre côté, devenir malade vous coûtera beaucoup plus cher qu'adopter une façon plus saine de vous nourrir. Je suis d'accord avec la santé préventive afin de vieillir avec une meilleure qualité de vie.

Je regarde mon grand-père âgé de 95 ans qui pratique le tango et la dance de salon Argentin trois jours par semaine. Il marche à tous les jours, fait partie d'une ligue de quilles et écrit présentement son deuxième livre! Son premier bouquin traitait de soccer et comment il était bon pour sa santé mentale de faire partie de cette organisation et les instructions sur le coaching approprié. Il a joué au soccer pour la majorité de sa vie. Jusqu'à l'âge de 80 ans il jouait pour une équipe de la ville de Québec. Il mange des petits repas et les mange lentement. Maintenant, il écrit son autobiographie. Il est né à Haïti, puis a immigré dans la ville de Québec à l'âge de 23 ans. Il a marié une Canadienne Française et ils ont formé l'une des très rares familles interraciales. Ils ont fait face à beaucoup de racisme mais cela ne l'a pas empêché de monter l'échelle dans tous les domaines où il a travaillé. Son père était dentiste à Haïti, il acceptait des poulets ou ce que ses patients pouvaient lui offrir en échange pour ses services. Souvent il ne leur chargeait rien. Son père est mort à l'âge tendre de 52 ans, d'une crise cardiaque.

L'exercice, comme nous le savons tous, est important pour la santé en général en plus d'être un grand soulagement vis-à-vis du stress. Lorsque je me sens anxieuse, je vais courir ou faire des exercices et cela me calme. Courir était méditatif pour moi et les exercices de musculation ma thérapie. Maintenant, dans la quarantaine, la musculation me parait plus importante mais j'apprécie encore la course à pied. J'aime faire deux jours d'exercices pour le bas du corps, deux jours pour la partie supérieure et une journée où j'incorpore la dance ou le yoga. Durant les week-ends, je joue dehors avec Sophia et Mateas et mon activité préférée est la randonnée! Il y a quelque chose de spécial lorsque j'escalade le sommet d'une montagne qui me rend heureuse.

Si vos finances ne vous permettent pas de vous inscrire dans un gymnase, il y plein de vidéos gratuits sur YouTube. Si vous pouvez vous l'offrir et que l'exercice est un nouveau terrain pour vous, je recommande grandement d'embaucher un entraineur personnel. Cela vous permettra de vous sentir responsable ainsi que vous surpasser plus que si vous ne le feriez que par vous-même et vous n'aurez pas à vous soucier quelles séances d'entrainement choisir. Vous pourriez aussi trouver quelqu'un qui aimerait vous joindre dans votre mission afin de rester active. Rendez cela amusant! Vous pourriez vous motiver l'un l'autre avec un accord, par exemple si vous manquer une journée d'entrainement, vous devrez un montant d'argent à l'autre personne. Investissez en vous-même! Cela semble toujours difficile au départ mais bientôt vous attendrez avec impatience ces journées d'exercices.

Évaluation Hormonale

La dépression peut souvent être le symptôme de débalancements hormonaux. Malheureusement, la nourriture, le contrôle des naissances, le stress où le manque de clarté durant les mois d'hiver peuvent faire des ravages sur vos hormones. Éduquez-vous sur vos hormones et sur tous les changements que les êtres humains passent à travers durant leur vie. Ceci est aussi une routine de soins de santé que les parents peuvent passer à leurs enfants.

Communauté

Communauté : les amis, l'église, le gymnase, la famille, un groupe de marcheurs. Trouvez-vous une communauté saine qui aura un impact positif sur votre vie. Ne passer pas à travers votre deuil tout seul. Nous sommes faits pour vivre en communauté. Trouvé la et permettez VOUS d'en faire partie. Permettez-vous de recevoir. Cela sera un de vos plus grands agents de guérisons.

Croyez-moi, les agents de bord ont raison.

Si vous êtes un parent qui prend soin de ses enfants chagrinés, prenez soin de vous en premier.

Ceci fut le meilleur conseil qui me fut donné par le coordinateur des donneurs d'organes à l'hôpital. Il était une âme des plus attentionnés. Je lui avais demandé s'il connaissait un conseiller pour enfants sur l'ile de Maui. Je savais que mes enfants avaient besoin de parler à un spécialiste avant que nous retournions en Alaska. Ils avaient tellement de questions auxquelles je ne pouvais répondre.

Il me regarda avec gentillesse pendant que je signais des papiers avec mes mains tremblantes et mes larmes incontrôlables qui tombaient sur les papiers. Il fut très clair lorsqu'il me dit ces mots, ces mots qui sont imprégnés dans mon cerveau et qui m'ont guidé à mesure que j'avançais sur ce territoire inconnu. « *Vous devrez trouver quelqu'un pour vous en premier. Vos enfants vont vous regarder et apprendre de vous comment se guérir. Vous allez devenir leur guérisseur principal, il sera donc impératif pour vous de vous trouver de l'aide.* »

Ce message était si puissant que je lui ai demandé s'il pouvait m'envoyer quelqu'un pour m'aider. Je fus alors connectée avec un conseiller qui m'a guidé pour ma toute première session de Travail Respiratoire. Instantanément, j'ai senti mon system nerveux se calmer et l'Amour de Dieu m'entourer. Durant cette session, j'ai ressenti cette douleur aigue transpercer mon cœur, puis comme je respirais consciencieusement une paix m'enveloppa. C'était la première fois depuis la tragédie que je ressentais du calme dans mon cœur. Cela ne dura que jusqu'à la fin de la session, mais j'ai réalisé à quel point la respiration et la méditation pouvaient être puissantes. J'ai rencontré ce conseiller trois fois avant de partir de Maui. C'était le début du voyage de guérison profonde sur lequel j'embarquais et qui ultimement m'a amenée à écrire ce livre. De retour à la maison j 'ai continué mes sessions respiratoires sur Spotify et UTube.

Thérapie du Jeu

J'ai trouvé un merveilleux thérapeute du jeu pour les enfants à Wassila. Elle avait une chambre formidable avec un carré de sable, deux larges bibliothèques, de la peinture, des dépôts gluants, des jeux de table, des widgets, et une atmosphère chaude et invitante pour les petits. Elle les a aidés à créer des boites de souvenirs de leur père. Mateas a mis dans sa boite un masque de plongée, un leurre de pêche, et un t-shirt non-lavé qui avait appartenu à Scott. J'étais contente que le

116

dernier souvenir que mes enfants concentraient dessus était le jour que nous avions passé avec nos amis à faire la plongée à Lanai. Ce souvenir incluait Scott heureux et ayant du plaisir. Je serai toujours reconnaissante pour cette belle dernière journée en sa compagnie.

Le deuil est inévitable. Soit que vous restez coincé dans son ombre ou que vous la traversiez de pieds joints. J'ai réalisé qu'en utilisant les outils ci-haut mentionnés, j'étais capable de passer à travers mon deuil et de trouver le bonheur et la joie même après notre perte.

Chapitre 17

Addiction

Le mensonge *est que nous pouvons nous enivrer parce que tout le monde le fait ou, que nous pouvons prendre des produits pharmaceutiques parce que nos docteurs nous les ont prescrits.*

La vérité *est que ce sont des agents analgésiques qui peuvent même vous enlever la vie.*

Je le vois à chaque jour : les opportunités vers les addictions sont là tout autour de nous. La vie est stressante, alors vous prenez un verre ou des amis vous sortent pour vous engourdir, vous buvez tellement que vous ne pouvez pas vous souvenir de ce qui s'est passé. Durant ma vie, les docteurs me demandaient quels étaient mes symptômes. Puis, ils m'offraient toujours une prescription et je la déclinais parce que je savais que là n'était pas la réponse pour moi.

C'était trop facile pour mon mari d'obtenir n'importe quelle prescription de la part de plusieurs docteurs. Scott connaissait très bien les produits pharmaceutiques pour les avoir appris à l'école de dentisterie et il croyait vraiment que c'était sa seule option. C'était devenu un diachylon pour masquer sa peine intérieure qui créa une inflammation immense. C'est comme dire « Je vais essayer juste une cigarette » et croire que je n'en prendrai pas l'habitude. Les pilules sont des agents très addictifs et ils peuvent prendre le dessus sur votre bien-être. Si vous êtes dépressif et prenez des antidépresseurs, boire de l'alcool n'aidera certainement pas à balancer votre humeur. Ça n'a pas aidé Scott. Il passait deux jours en dépression après une nuit de boisson excessive et cela même s'il était sur des antidépresseurs. En regardant le long voyage de mon mari aux prises avec sa dépression, j'ai appris que vous devez devenir votre propre avocat et vous éduquer sur les racines profondes qui causent cette maladie. Je préfère de beaucoup voir des médecins de la santé intégrative ou des naturopathes qui creusent profondément dans mes expériences et mes opinions.

Nous ne pouvons pas toujours gérer nos émotions, alors nous les engourdissons. Peut-être que nous n'avons jamais été enseignés comment les gérer dès notre enfance. On nous a dit d'arrêter de pleurer, on nous dénigrait parce que nous nous mettions en colère et parfois il fallait même cacher notre bonheur.

Chapitre 18
La Colère

> **The lie** about anger is that it is wrong, it is bad, and you shouldn't feel it.
> **The truth** is that anger moves you. It is meant to be felt and then it is meant to be released.

J'ai beaucoup souffert de honte dans ma vie à cause de la colère et la frustration que je ressentais. La honte de ne pas utiliser ma voix, la honte que je brillais trop fort, honte de m'être mise en colère, honte de mon bonheur et de mon sourire. La honte est un assassin silencieux qui s'attaque directement à votre cœur. Ça vous paralyse et vous empêche de lâcher prise et de grandir. Écrire à propos de la honte fut mon moyen le plus efficace pour m'en libérer. En écrivant sur ce sujet, j'ai repris du contrôle. J'ai dû laisser aller cette honte afin de reprendre pleinement mes forces.

J'ai fait cela et, parce que je ne refoule plus ma honte, ne la cache plus, et ne prétend plus qu'elle n'existe pas, je m'élève et me libère.

La suppression de ma honte avait créé une forte colère en moi. Souvent, j'étais la maman la plus aimante jusqu'à ce que quelque chose me déclenche. Je réagissais avec colère envers mes enfants et je criais après eux à cause de choses banales. Je n'agissais pas comme cela à chaque jour, mais lorsque cela arrivait, je faisais peur aux enfants ainsi qu'à moi-même. Lorsque j'étais enfin capable de me calmer et de réfléchir sur mes actions, j'étais confuse. Je ne comprenais pas pourquoi cela m'était arrivé.

Puis un jour j'ai fait la corrélation que lorsque je refoulais ma colère contre Scott et la déconnection qui nous séparait, cela me rendait à bout de nerfs puis je devenais impatiente et irritée. J'étais fâchée après lui parce qu'il n'était pas présent et ne me supportait aucunement. Parce que je refoulais cette colère, elle se foudroyait, sans ma permission, sur ceux qui le méritaient le moins : mes propres enfants.

A chaque fois que je réagissais ainsi, un tsunami de culpabilité s'ensuivait. Ce n'était pas la maman que je voulais être. Je détestais cette partie de moi-même. Je ressentais encore plus de honte à ces moments-là, car ils avaient maintenant une maman fâchée par-dessus un père émotionnellement déconnecté. Je priais Dieu pour qu'il m'enlève cette colère et qu'il m'aide à devenir une mère plus patiente. J'ai travaillé tellement fort pour devenir une bonne mère mais, certains jours, lorsque je perdais les pédales, je sentais que je ruinais tout.

Je m'excusais auprès des enfants et leur promettais de travailler sur mon tempérament parce qu'ils méritaient la meilleure version de moi-même. Je les réassurais que tout cela n'était pas leur faute; c'était ma faute et j'ai admis que je perdais contrôle. Je ne voulais pas être la maman qui crie après ses enfants lorsqu'elle est fâchée.

La noirceur m'envahissait et je ne savais jamais quand elle réapparaitrait. Je me suis aperçu que ma fille pouvait voir la noirceur dans nos yeux lorsque la colère s'y installait. Puis j'ai commencé à voir un schéma lorsque cela commençait : A chaque fois, j'étais complètement épuisée et j'avais refoulé tellement de rancune envers Scott, que ce scenario, maintenant habituel, resurfaçait encore une fois. Je marchais continuellement sur des coquilles d'œufs afin d'éviter les conflits avec lui. Sa rage m'écrasait ainsi que mes émotions et mon droit d'avoir une voix dans notre union. Sa fureur me faisait peur et je n'aimais pas lorsqu'il m'attaquait devant les enfants. Je repoussais la colère au fond de moi jusqu'à ce que le schéma recommence une fois de plus.

Toute la famille était de mauvaise humeur. Nous étions tous dans de profonds niveaux de douleur. Scott était tourmenté par son mal de dos dû à son travail, la peine émotionnelle causée par la poursuite judiciaire, le stress de gérer la clinique dentaire et la déconnection résultant de l'abus de drogues et d'alcool.

De mon côté, j'avais beaucoup de peine à voir mon mari souffrir, je refoulais la douleur qu'il m'infligeait en refusant de me voir et de m'entendre, je me sentais comme une mère célibataire qui, en même temps, devait porter les problèmes de son mari.

Les enfants nageaient dans la douleur. Les enfants comprennent. Ils savent lorsque leurs parents souffrent. Même s'ils ne peuvent pas l'étiqueter, ils reconnaissent le chagrin. Ils ont ressenti notre douleur au moment où Scott et moi nous sommes déconnectés. Mateas et Sophia se chamaillaient continuellement. Ils étaient devenus des boucs émissaires l'un pour l'autre et des cibles faciles sur lesquelles ils pouvaient se défouler.

En réalisant que nous étions tous pris au piège de cette amertume, je savais qu'il fallait que je trouve une solution. J'étais fatiguée de regarder nos humeurs bouillonner avant d'exploser comme des volcans sauvages.

Temps-mort pour l'autorégulation

Peu de temps après, j'ai commencé à m'éloigner lorsque les choses s'envenimaient et, en prenant de grandes respirations, je m'imposais un temps-mort. Dans ces moments-là, je faisais le vide dans mon cerveau et regardais à l'interieur de moi-même. Ce qui devint évident, était que j'étais épuisée à tout faire toute seule et que ce que je voulais était un mari pour moi et un père pour mes enfants. Il était temps de confronter ma réalité.

C'est là que j'ai commencé à chercher pour du support. Dans mes efforts afin de me débarrasser de ma colère intérieure, j'ai appris quelques façons de ressentir au lieu de refouler. Si je m'assure que j'ai un **sommeil adéquat** et que je prends des **moments tranquilles** pour moi-même, je suis plus adepte à garder mon calme et à ne pas trébucher dans la colère. Si possible, j'essaies de m'allonger juste pour dix minutes si je me sens accablée. Cela m'aide à vider mon esprit et redevenir une maman calme et aimante.

Aussitôt que je ressens une poussé d'énergie et reconnais que mes émotions s'escaladent et que le volcan à l'intérieur risque d'éclater, je ferme les yeux et prends plusieurs grandes respirations. Souvent, il devient nécessaire de m'éloigner de l'énergie de mes enfants afin de me donner un moment de tranquillité. Après avoir pris ce moment pour moi seule, je reviens avec eux et leurs explique calmement, « Je commençais à me sentir bouleversée et j'avais besoin d'un peu de temps par moi-même. Respectez ça s'il-vous-plait. »

Avoir une conversation préalablement avec vos enfants à propos de ces stratégies, lorsque tout le monde est calme, est une superbe de bonne idée. Vous pouvez expliquer, « Maman et papa étudions ces nouvelles techniques et nous devons tous travailler en équipe afin de respecter ces limites. » Réalistiquement, cette approche ne fonctionnera peut-être pas la première fois ou à chaque fois, mais vous **bâtirez tous des nouveaux muscles d'auto-régulation.**

Tapotement

Le tapotement est un autre outil qui aide à calmer le système nerveux. Si vous n'êtes pas familier avec cette technique, vous pouvez trouver des vidéos instructifs en ligne ou demandez à votre conseillé de vous la démontrer.

Ma conseillère m'a appris les techniques du tapotement. Elle m'a aussi suggéré d'utiliser des rouleaux pour le massage facial sur mes enfants lorsqu'ils se sentent bouleversés et que leur colère éclate. Sophia et Mateus adorent les rouleaux froids. Ils aiment la sensation du froid sur leur visages et l'effet calmant qu'ils apportent.

Je reconnais que la colère fait partie de tous nos cheminements. C'est une émotion humaine, Si vous vous débattez avec la dépression, alors c'est plus profond que juste une émotion. Si vous êtes marié avec quelqu'un qui est profondément dépressif ou qui abuse de drogues, alors votre colère est une forme de protection. Vous devrez apprendre comment la laisser passer au lieu de la laisser vous transporter.

Apprendre à reconnaitre vos déclencheurs, et pourquoi ils se produisent, fait partie intégrale de votre guérison. Écrivez dans votre journal les incidents et peut-être, pendant que vous relatez la colère qui émerge, reconnaitrez-vous un schéma répétitif. Rechercher des outils sur la résilience du système nerveux que vous pourrez incorporer à chaque jour ou au moins une fois par semaine. Discuter avec un professionnel afin de vous aider à reconnaitre vos déclencheurs et pourquoi ils surgissent. Ça vous aidera aussi à comprendre les déclencheurs de vos enfants. Très souvent, je réagissais parce qu'une ancienne expérience refaisait surface. A l'époque je ne savais pas que je réagissais parce que je refoulais ma tristesse et ma frustration à cause de mon mari.

Après la mort de Scott, j'ai remarqué que les enfants me cherchaient. Ils agissaient avec moi comme leur père l'avait fait. Au début, je vis cela comme une menace. Plus vous amassez ces expériences négatives sans les traiter, plus elles créeront du désordre dans votre cerveau. Les expériences positives se perdent dans le désordre et vous ne pourrez pas les trouver. Aussitôt que vous remarquerez que le désordre prend le dessus, vous devrez vous débarrasser d'une partie de ce désengagement. Vous commencerez par les jeter aux poubelles. Vous devriez ressentir un soulagement ou c'est là que les explosions de colère se produiront. J'ai dû apprendre à ne pas me rendre à ce stage et à commencer à lâcher prise régulièrement afin d'éviter ces éclats colériques. Trouvez un moyen de résoudre ce qui vous tracasse. La plupart du temps, vous trouverez quelqu'un sur qui décharger votre mauvaise humeur et habituellement ce ne sera pas la personne contre laquelle vous êtes fâchée.

Soyez bon envers vous-même et ceux qui vous aiment. Soyez patient parce que ce changement prendra du temps et du travail. Vous ne changerez pas du jour au lendemain. Cela demande de la pratique et plusieurs erreurs s'étaleront sur votre chemin. Continuer vos efforts à chaque jour et vous trouverez votre propre recette afin de vous sentir calme lorsque les déclencheurs se pointeront. Trouvez vous un endroit où vous calmerez votre esprit lorsque vous serez trop fatigué et submergé. Apprenez des trucs afin d'éviter les conflits et comment les résoudre lorsqu'il sera impossible de les éviter. Il vous faudra de la patience et de la diligence en communication. Reconnaissez vos déclencheurs et parlez-en avec ceux que vous aimez. Devenez un spécialiste dans l'intelligence émotionnelle et soyez vigilant lorsque que vous êtes fatigué. Reconnaissez vos limites et n'abordez pas une résolution à un conflit lorsque vous êtes épuisé. La colère est un outil qui assite vos besoins; en fait, c'est votre corps qui vous envoi un avertissement. Il vous montre qu'il y a quelque chose à résoudre.

Chapitre 19

Le Cocktail

> *Le mensonge* est que la peur vous protègera et qu'être rejeté veut dire que vous n'êtes pas assez bon et que le refoulement cachera tout.
>
> *La vérité* est que la foi vous protègera, que vous êtes toujours plus que suffisant et que le refoulement n'est qu'un faux sens de sécurité.

La Peur, la Rejection et le Refoulement.

Ceci est le cocktail. Le cocktail qui a conduit Scott dans une profonde dépression, à l'usage de la drogue et à sa déconnection. Ce fut aussi le cocktail qui a occasionné ma colère personnelle, mon isolation et la douleur.

Je crois que Scott s'est senti rejeté par plusieurs personnes qu'il a aimées profondément. Il avait créé un dialogue, dans sa tête, où sa mère l'avait rejeté et où qu'il était banni par plusieurs amis qui représentaient beaucoup pour lui. Le monde s'écroulait autour de lui. Il pensait que s'il gagnait la poursuite judiciaire, *alors* tout rentrerait dans l'ordre. Peut-être pensait-il qu'il perdrait tout s'il perdait sa cause. Qu'il me perdrait, moi, ses amis et sa famille. Il avait tout mis en attente dans sa vie afin de gagner cette cause et il était prêt à dépenser tout son argent afin de prouver ce qu'il croyait être la vérité. Voyant cela, j'étais terrifiée à l'idée de ce qui se passerait s'il perdait cette poursuite.

Comme sa santé mentale déclinait, je voulais qu'il laisse tomber toute cette affaire et qu'il règle hors-cours. Le stress et la négativité étaient tout ce à quoi il pensait pour les derniers sept ans de sa vie. A la fin de ces sept ans, avec tout le stress, les drogues et l'abus d'alcool, je ne le reconnaissais plus. Parfois je me demandais s'il était bipolaire, ce qui expliquerait pourquoi il refusait de demander de l'aide. Peut-être qu'il ne voulait pas d'un diagnostic. Peut-être avait-il peur que s'il était diagnostiqué il perdrait sa carrière, sa femme, ses enfants et ses amis ou était-ce simplement des états de manque causés par la médication qu'il se prescrivait lui-même. Je me posais tellement de questions sur Scott et les démons qu'il combattaient. Parfois il disait qu'il avait une grippe, mais je savais bien qu'il était en manque. J'avais peur de perdre mon mari et ne savais pas comment l'aider.

Dans ma douleur, j'ai consulté des conseillers et demandé comment je pourrais lui venir en aide. Je ne savais pas que l'aide dont il avait besoin devait venir de lui. Lorsque je retournais à la maison j'essayais ce que le conseiller m'avait suggéré. Scott refusait d'aller voir un conseiller et il me disait toujours qu'il était en contrôle. Il continua à prétendre qu'il était bien, souriant et en nous donnant juste assez de bonnes journées pour nous le prouver. Il parlait d'un future heureux pour nous tous; vendre sa pratique dentaire, déménager au Texas, travailler seulement trois jours semaine, et commencer à prendre soin de lui-même. Lorsqu'il nous donnait ces belles journées nous les emmagasinions afin de nous aider durant les mauvais jours. Lorsque ces mauvais jours resurfaçaient, je me disais qu'ils passeraient comme à l'habitude.

Lorsque je lui demandais de régler la cause hors-cours, il me criait après et me rejetais totalement. Très souvent, j'ai reçu le traitement silencieux pendant des jours. A chaque fois qu'il voulait partager plus d'informations sur la cause, son énergie s'intensifiait. Mon corps se crispait et mon cœur battait la chamade. J'ai dû lui dire que je ne pouvais plus m'assoir avec lui et écouter ses lamentations jour après jour. Ça faisait des ravages sur mon système nerveux. De toute façon il n'écoutait pas mes idées ou mes conseils. A force d'être entourée de négativité, je craignais pour ma santé et aussi comment tout cela pouvait affecter Sophia et Mateas. Ils n'avaient pas un père émotionnellement présent et pouvaient entendre sa colère intense lorsqu'il discutait de la cause au téléphone. Parfois il partageait sa frustration avec eux. J'étais navrée qu'il implique les enfants dans son mélodrame. D'un autre côté, j'appréciais l'innocence et la vérité que Sophia et Mateas démontraient compte tenu de leur jeune âge. Sophia disait souvent « Pourquoi est-ce que les deux côtés ne peuvent pas s'excuser et s'aimer l'un et l'autre? » C'était un appel simple et véridique venant d'une petite fille de cinq ans.

Notre fils ne parlait pas de sa peine à ne pas avoir son père pour jouer avec lui ou lui faire sentir qu'il l'aimait. Mateas refoulait ses émotions et, je sais maintenant que c'était pour cela qu'il se fâchait rapidement aussitôt que de petits problèmes survenaient. Sophia avait remarqué comment le père d'une de ses amies s'impliquait avec sa fillette. Sophia pleurait sur mon épaule le soir et me demandait pourquoi Papa n'était pas comme les autres pères. Cela me brisait le cœur. Dans l'espoir de voir Scott jouer avec nos enfants, je lui demandais s'il pouvait les pousser sur les balançoires dans notre cour. Quelques fois, il y allait et d'autres fois non. Je devais lui *demander* d'être présent et je n'ai jamais compris pourquoi je devais m'impliquer. S'il ne voulait pas venir jouer, j'inventais des excuses pour les petits et j'essayais de remplacer leur père. Ça me brisait le cœur mais j'arborais mon plus beau sourire comme si tout était parfait.

Nous aimions Scott immensément et désirions sa présence. Pour les enfants, cela se faisait ressentir comme une rejection lorsqu'il démontrait qu'il n'avait aucune intention d'être avec eux. Nous avions l'impression que nous ne serions jamais assez bons à ses yeux. Peut-être avions nous fait quelque chose de mal? Peut-être devrions nous lui donner plus de place et du temps pour se reposer. Après tout, il travaillait fort pour notre famille et était constamment soumis à un stress énorme avec la pratique dentaire et la poursuite en justice. Nous devrions donc nous tenir tranquilles et les choses s'amélioreraient une fois que la cause judiciaire serait bâclée. C'est ce que je me disais.

Il nous promettait que lorsqu'il gagnerait cette poursuite, nous voyagerions vers les Iles Fiji ou vers l'Afrique. Il aimait le jiujitsu et disait qu'il aurait plus de temps pour profiter de ce qu'il aimait. De temps à autre, il étudiait chaque mouvement et prenait des leçons privées lorsqu'il le pouvait. Cela me permettait de rêver à l'avenir pour notre famille mais quelque chose clochait. J'avais peur qu'il ne gagne pas. Qu'est-ce qui arriverait dans le cas où il perdrait? Comment réagirait-il? Je priais pour qu'il gagne même si je voulais juste lâcher prise. Je pouvais entrevoir un avenir meilleur si nous pouvions juste laisser tomber cette histoire.

Comme des portes qui retiennent les flammes d'un incendie, le refoulement était le récipient qui retenait ma peur de la rejection. La minute que ces portes s'ouvriraient, tout serait ravagé par les flammes.

Le refoulement est comme le pansement qui est appliqué sur une grosse blessure. Au départ, cela apparait être la meilleure option. Le sang peut s'arrêter pour une minute, mais le pansement ne pourra pas retenir le saignement abondant et ne pourra pas refermer la blessure. Non, des points de suture sont indispensables pour les blessures profondes. Le refoulement remonte à la source de ce qui a mal tourné dans notre vie, c'est le pansement de nos émotions. Je refoulais ma voix en faisant plaisir et en essayant de faire que tout se passe bien, pendant que Scott refoulait sa peine dans ses addictions.

Je crois sincèrement que nos actions étaient également toxiques. Ils créèrent le cocktail qui nous mena à une vie de déconnection, de tristesse et de dépression profonde. La peur va vous retient captif. La rejection sera la maladie qui rongera vos relations et volera votre joie de vivre. Les deux se nourrissent de mensonges et de refoulement.

Ne soyez pas prisonnier de vos peurs.

La peur vous paralyse, vous empêche de grandir et vous prévient d'atteindre une vie meilleure.

La rejection va déchirer l'amour de vous-même et celle que vous avez pour les autres.

Lorsque j'ai réalisé que l'amour et l'attention que je désirais n'était pas disponible, j'ai adopté une puissante attitude d'indépendance qui ressemblait à la liberté dont j'avais vraiment envie; la liberté d'être moi-même sans être rejetée, mais cela ne m'a pas servie. Malgré qu'elle créât un sens d'autonomie et un genre de bouclier contre des réjections possibles, cela ferma mon cœur et créa une déconnection encore plus profonde.

J'avais peur que l'état de Scott s'empire et qu'il perdre le contrôle sur ses médicaments contre la douleur. Par moments, je contais ses pilules et calculais combien il en prenait par jour ou par semaine. Je craignais que mon mariage soit terminé. J'avais peur de partir. Comment Scott réagirait-il si je partais? Sophia et Mateas aimaient leur père et je détruirais notre famille si je partais. Je croyais avoir plus de contrôle pour protéger nos enfants si je restais parce que s'il avait la garde à 50/50 alors je vivrais dans la peur la semaine entière où il aurait les enfants par lui-même. En réalité, les petits ressentaient et voyaient tout. C'était plus dommageable et toxique de demeurer dans cet environnement. Scott avait probablement peur de me perdre aussi.

A un moment donné, je suis demeurée ferme et j'ai demandé le divorce. Je n'en pouvais plus des cachotteries, des mensonges et cette vie de solitude. Je voyais à quel point les enfants étaient tristes. Après ma demande, il se leva immédiatement de sa chaise et a juré que j'étais la seule femme avec qui il voulait être. Il me donna l'attention dont j'avais tellement besoin et a fait tout son possible pour être plus présent . . . pour un bout de temps. Il dit qu'il cesserait de boire et qu'il ferait tout pour garder notre mariage intact. Il réalisa que nous avions besoin de l'aide d'un conseiller conjugal et accepta de lire des livres à propos du mariage. Malheureusement les médicaments, la poursuite judiciaire, l'alcool et la suppression contre toutes ses douleurs ont gagné contre ses meilleures intentions.

A mesure que la cause devenait de plus en plus difficile à gagner, il se mit à boire plus, à prendre plus de médicaments, il s'isolait encore plus et se préoccupa davantage de cette poursuite.

Ceci m'amena à devenir de plus en plus indépendante. Je préparais les enfants et les conduisais à l'école, conduisais à mon travail, finissais juste à temps pour cueillir les enfants après leurs classes, préparais le souper, aidais les petits avec leurs devoirs, jouais avec eux et les préparais pour aller dormir. Jour après jour, c'était le même scenario -- le même monde de douleur et de solitude. Puisque Scott travaillait presque tous les samedis, je planifiais des excursions de jeux. Je prenais soin de toutes les réparations d'entretien de la maison. Je m'occupais de nos poules, nos chiens et de notre serre. Je me sentais indépendante mais cela me rendait encore plus distante et isolée. Les addictions de Scott me laissaient complètement seule. Je ne pouvais plus connecter avec lui. Il n'était plus le même homme que j'avais épousé et ses addictions étaient devenues ses maitresses. Elles avaient toute son attention et sa concentration.

Le cocktail de la peur, la rejection et le refoulement, nous a affecté tous les deux de façons différentes. Leurs effets se démontrèrent dans ses addictions et dans son détachement. Pour moi, les vrais effets se démontrèrent sur ma santé.

Chapitre 20

Le Corps Parle

Le mensonge est que nous sommes malades à cause d'un destin étrange.
La vérité est que nos maladies sont souvent créées par des années de refoulement.

Il y aura des moments où votre corps vous parlera à travers le traumatisme que vous avez refoulé.

En septembre 2020, j'ai reçu la nouvelle que ma grand-mère de 93 ans était malade à l'hôpital. Elle avait été diagnostiquée d'un cancer de l'estomac au stage quatre. Je n'étais pas préparée pour cette mauvaise nouvelle. J'avais toujours crue qu'elle vivrait jusqu'à cent ans. En ce temps-là, je lui envoyais des messages à toutes les semaines car j'avais grand besoin d'elle dans ma vie. J'ai grandi très près de ma grand-mère et quand j'étais petite, je dormais souvent chez elle.

Ceci se produisit au milieu du COVID lorsque le Canada avait fermé ses frontières. J'ai dit à Scott que je devais aller voir ma grand-mère pour une dernière fois, même si j'appréhendais de laisser les enfants avec leur père pour une longue durée puisqu'il n'était pas présent ou émotionnellement disponible pour eux. Finalement, j'ai opté de les amener avec moi.

Sophia avait six ans et Mateas quatre ans. J'ai donc bouqué nos vols pour la ville de Québec et planifié d'être en quarantaine pour deux semaines chez mon père, après quoi je pourrais visiter ma grand-mère à l'hôpital. Nous avons pu entrer au Canada parce que nous avions tous des passeports Canadiens. A la frontière Canadienne, ils me dirent que si je ne faisais pas la quarantaine je pourrais me retrouver en prison ou recevoir une amende de $600,000. Je leurs ai montré nos tests négatifs de Covid et nous sommes entrés au pays.

J'ai suivi la quarantaine jusqu'à ce que ma famille m'avertisse que ma grand-mère dépérissait à vue d'œil et qu'il y avait possibilité que je n'aie pas la chance de la voir si j'attendais trop. Comme je voulais absolument la voir pour une dernière fois, j'ai décidé d'aller la visiter même si j'avais une peur folle. Je savais que briser ma quarantaine pourrait me conduire en prison ou m'occasionner une grosse amende, mais je savais que je ne pouvais pas laisser ma grand-mère partir sans lui dire aurevoir. J'ai expliqué aux enfants de ne pas dire que nous étions des Etats-Unis. Je savais que c'était dangereux mais aussi ce qui devait être fait.

Même si nous prenions des tests de Covid à TOUS les jours et qu'ils donnaient des résultats négatifs, la majorité de notre famille avait peur de nous parce que nous arrivions de l'Amérique. Je me devais d'ignorer les peurs de tous et de calmer mes pensées afin de suivre mon intuition.

La peur lourde dans nos cœurs, en silence, nous avons pris la route pour l'hôpital. Je me suis arrêté chez McDonald pour acheter le menu préféré de ma grand-mère : les Pépites de poulets avec de la sauce BBQ. Comme nous attendions au service à l'auto, une auto de police se plaça derrière moi et la peur me paralysa. Mon cœur battait la chamade et je sentais ma respiration raccourcir. Des images de me voir menottée et emmenée en prison apparurent dans ma tête. A mon grand soulagement, ils ne faisaient que réclamer leurs propres repas!

Ce fut une vraie aventure de foi et nous avons dut surmonter nos peurs afin de visiter grand-maman ce jour-là. Je serai toujours reconnaissante de l'avoir fait. Non seulement ai-je été chanceuse de passer du temps avec elle et lui laisser savoir combien je l'aimais, mais elle m'a transmis des paroles de sagesse qui ont changé le cours de ma vie.

Durant cette visite, elle a donné beaucoup d'amour à mes enfants et leur a dit qu'ils pouvaient avoir tous les nounours et les poupées de sa maison. Ces jouets sont devenus de vrais trésors pour nous trois et nous rappellent son âme gentille et aimante. J'ai souri lorsqu'elle a écrit un chèque de 10 dollars pour une des infirmières qui s'occupait d'elle. L'infirmière déclina poliment mais ce fut une preuve du genre de personne que ma grand-mère était.

Le lendemain était mon quarantième anniversaire de naissance. Ma tante m'offrit de garder les petits pour me permettre de visiter ma grand-mère encore une fois. J'étais heureuse de pouvoir l'avoir à moi toute seule pendant deux heures. Ce fut le cadeau le plus précieux que j'ai reçu pour mes quarante ans. Ce fut durant ce temps précieux, où nous étions seules, qu'elle partagea quelques histoires avec moi. Elle me rappela lorsque j'étais une petite fille à quel point j'étais gênée et que je me défendais très rarement. Puis elle a mentionné les multiples fois où elle me ramenait à l'aéroport pour mon retour vers Vancouver. Ça lui brisait le cœur de me voir partir et me dit que c'était aussi difficile pour mon père. Elle me dit que mon père m'avait beaucoup aimée et qu'il m'aimait toujours. Elle partagea sa propre sagesse lorsque son frère était décédé et que juste après sa mort, elle fut diagnostiquée d'un cancer du sein. Elle m'expliqua que c'était le stress causé par ce décès qui l'avait rendue malade. Elle s'était donc rendue dans un centre de guérison en Floride où elle avait vaincu son cancer.

Après avoir partagé cette histoire, elle est devenue silencieuse puis m'a conseillé d'être consciente de mon corps. Elle a fortement souligné comment le stress peut créer des maladies dans nos corps. En écoutant ses paroles, quelque chose m'a frappé – comme une vérité qui s'adressait directement à moi, provenant de la bouche de ma grand-mère. Je comprenais que ceci était un avertissement que j'avais grand besoin d'entendre.

En un rien de temps, mes deux heures avec elle étaient terminées. Avec amour et le cœur lourd, je lui fis un gros câlin et l'embrassa sur la joue. Je la remerciai pour tout l'amour qu'elle m'avait donné tout au cours de ma vie. Je suis sortie de cette chambre d'hôpital avec une prémonition que je ne pouvais pas ignorer. Je savais que je devais me renseigner sur ma propre santé.

Je suis retourné chez ma tante et fut accueillie avec une belle surprise pour mon anniversaire. Sophia, Mateas et ma tante avaient préparé des cartes de fête et une petite célébration pour mes 40 ans. Ma mère avait aussi envoyé des ballons et un gâteau pour moi. Cela me remplie de joie et d'amour d'avoir un tel soutien familial. Ce fut la dernière fois que j'ai vu ma grand-mère et le commencement d'une nouvelle direction que je n'aurais jamais pu imaginer.

Une fois revenue à la maison, en Alaska, la première chose que j'ai fait fut d'appeler mon médecin et demander une IRM mammaire. Normalement, ils ne vous donnent pas une IRM juste sur demande lorsque vous êtes jeune, mais ma docteure était, elle-même, une survivante du cancer du sein et connaissait l'importance d'une détection précoce, alors elle autorisa ma demande.

Lorsque le résultat du IRM arriva, j'ai appelé son bureau tout de suite. L'avertissement de ma grand-mère et mon intuition se révélèrent vrais. Ils avaient trouvé un kyste et sur le même sein, mon implant en gel de silicone avait eu une contraction capsulaire et s'était rompu. Je pouvais sentir la douleur et une sensation de brûlure bouger à travers mon corps. J'avais peur et j'ai commencé à chercher pour un chirurgien esthétique pour qu'il enlève les implants et qu'il envoi le kyste pour une biopsie. Je ne voulais voir aucun des chirurgiens esthétiques de l'Alaska et je me devais de trouver quelqu'un hautement qualifié. J'ai alors regardé en Californie, au Nevada et en Arizona.

J'ai eu quelques consultations à travers Zoom avant de trouver un docteur en Arizona qui avait de l'expérience avec le cancer du sein, la reconstruction et les maladies liées aux implants mammaires. Je savais que je pouvais avoir confiance dans sa spécialité.

Ma mère voyagea avec moi et la minute que nous avons rencontré mon chirurgien, je savais que nous avions pris la bonne décision. Il se souciait vraiment de nous et nous rassura que tout irait bien. Non seulement mon corps a été nettoyé de la rupture et du kyste, mais ce fut la première fois que je ressenti l'appel de déménager en Arizona. C'était pendant mon rétablissement que j'ai remarqué la paix que je ressentais dans cet état ensoleillé. J'appréciais le soleil et mon système nerveux était calme. J'ai eu le temps de réfléchir sur ma vie en Alaska. Je ne voulais pas retourner dans cet environnement. Les mois sans soleil, le froid, et plus que tout … la noirceur qui s'accaparait de Scott.

Cette expérience fut l'une de nombreuses alertes sur ma santé. Le refoulement fait que le corps se referme. Dans cette prison, les problèmes de santé surgissent. Avec la nouvelle vision que ma chère grand-mère m'avait donnée, j'ai commencé à regarder ma vie et les maladies avec lesquelles je devais négocier.

La IRM qui m'avait amenée à cette chirurgie m'a aussi ouvert les yeux sur d'autres symptômes : les problèmes intestinaux qui apparaissaient comme reflux acidiques, la voix rauque, les problèmes de la glande thyroïde ainsi que de la fatigue chronique. Quatre mois après ma chirurgie mammaire, j'ai visité un autre spécialiste et découvris pourquoi ma voix était si rauque. Le docteur performa une endoscopie nasale pour voir clairement mes cordes vocales et mon œsophage. Il aperçut un kyste sur ma corde vocale gauche. Il m'a demandé si j'étais une chanteuse ou une oratrice publique parce que tels sont les gens les plus susceptibles à développer des kystes sur leurs cordes vocales. Je lui répondis que je n'étais ni une ni l'autre et que je travaillais comme hygiéniste dentaire. Il m'expliqua que j'aurais besoin d'une chirurgie afin d'enlever le kyste et que durant ma récupération je ne pourrais pas utiliser ma voix pour trois semaines. Je me demandais comment il serait possible de ne pas parler avec mon fils de quatre ans et ma fillette de six ans. Qui prendrait soin de moi et comment pourrais-je communiquer avec mes enfants? Dans ce temps-là, Scott ne prenait pas soin des petits ou de moi.

J'ai eu de la chance, car mon opération coïncida avec la visite du père de Scott et sa femme qui venaient pour assister à la graduation de notre nièce. Ils purent ainsi nous aider avec Sophia et Mateas et aussi prendre soin de moi. J'utilisais un tableau blanc afin d'écrire des choses ou l'activateur vocal de mon téléphone pour un seul mot ou une phrase afin de communiquer avec mon fils qui ne pouvait pas lire complètement encore.

Mes symptômes ont fait briller une lumière sur mes troubles intérieures. Les années de refoulement avaient créé le chaos total dans mon corps. Je savais que c'était le résultat évident d'avoir refoulé la vérité au fond de moi toute ma vie. Mes symptômes physiques reflétaient ma suppression émotionnelle. Ma mère aussi était convaincue que c'était Dieu qui me disait d'utiliser ma voix parce que je ne disais jamais ce que je pensais.

Mon corps avait commencé à m'envoyer des signaux vers le milieu de mes trente ans. Je vivais dans un environnement toxique. J'ai passé à travers plusieurs alertes de santé qui attirèrent mon attention. C'est alors que j'ai réalisé que je me devais de faire des changements. Même si j'ai visité plusieurs docteurs, aucun n'a jamais mentionné que la cause première était le stress. Je sais maintenant ce qu'est la vérité : mon corps réagissait à mon environnement et se manifestaient en maladies chroniques.

Mon corps demandait un changement. Une de mes citations favorites de Gabor Maté est : « Si vous ne dites pas non, votre corps va le dire pour vous en vous rendant vraiment malade.»[3]

Je ne savais pas comment dire non. On ne me l'avait jamais appris. Au lieu de cela, je refoulais et mon corps s'est mis à parler pour moi.

Je suis reconnaissante qu'après ma seconde chirurgie afin d'enlever le kyste sur ma corde vocale, je me suis occupée à apporter des changements. J'ai commencé à laisser entendre ma voix plus souvent et à libérer les émotions qui avaient été refoulées avec des années de suppression.

Si votre corps avait une voix, qu'est-ce qu'il vous dirait? Avez-vous remarqué la corrélation entre vos maladies et vos émotions suppressives.

Commencez à prendre des notes sur ce que vous remarquez sur votre santé certains jours. Vous sentez-vous fatigué même après avoir dormi huit heures? Êtes-vous fatigué tout le temps. Comment sont vos intestins? Avez-vous des reflux acidiques? Écrivez tout et vous commencerez à détecter les mêmes schémas mois après mois. Perdez-vous vos cheveux?

Vos cheveux deviennent-ils grisonnants prématurément? Je ne suis pas un médecin, mais ce sont mes expériences personnelles et ce que j'ai remarqué dans mon corps. Avez-vous des douleurs aux hanches, aux genoux ou dans le bas du dos? Mon corps commençait à se plaindre très fort, je pensais

---

[3] Gabor Matee, When the body Says No. Exploring the Stress-Disease Connection, (Hokoben: John Wiley & Sons, 2003)

devenir folle et peut-être devenais-je hypocondriaque. Les gens me regardaient et pensaient que j'avais l'air en bonne santé. J'avais l'air en forme et je mangeais bien. Je ne me sentais toutefois pas bien du tout. Créez de l'espace pour vraiment écouter votre corps. Remarquez les moindres changements et ne les ignorez pas. Gérer votre stress et votre système nerveux deviendra crucial afin d'éviter les maladies chroniques et la douleur. Nous passons tous par le stress et le deuil dans nos vies et apprendre les outils pour laisser-aller ces énergies négatives sauvera des vies.

Votre corps est rempli de sagesse.

Vous serez guidé, alors faites confiance à vos instincts.

Chapitre 21

S'Excuser
Nous Sécurise

> *Le mensonge* est que si nous nous excusons, nous serons en sécurité.
> *La vérité* est que chaque excuse qui n'est pas sincère nous retient dans le cercle vicieux.

Lorsque la vérité doit être dite et que nous craignons qu'elle ne soit pas bien reçue, le moyen de s'en sortir est de s'excuser. Ça peut se faire en disant « Je suis navré », mais cela peut aussi se faire en se faisant petit.

Le cycle d'excuses et de jouer au plus petit est créé pas la suppression. Lorsque j'ai grandi, j'étais extrêmement gênée et je voulais toujours être la 'bonne petite fille', tel que définie par ma famille. Mon besoin d'être aimée par tous m'obligeait à m'excuser et à faire plaisir aux autres. Je n'avais pas de limites pour moi-même et ne savais pas comment en bâtir. On ne m'a jamais enseigné cela.

Je me souviens en quatrième année, qu'un bully passait son temps à descendre tous et chacun. Il se moquait toujours d'une fillette qui avait le syndrome du Down. Il critiquait aussi mon apparence, en m'étiquetant comme une laideur et se moquait de mes cheveux frisés. En plus, il me ridiculisait en m'appelant stupide, spécifiquement lorsque je devais prendre un groupe de lecture différent à cause de ma barrière linguistique. Le processus de transitionner du Français à l'Anglais était un vrai challenge, rendant ses propos encore plus blessants. Je l'ai vu boulier beaucoup d'élèves dans ma classe et personne ne lui a jamais tenu tête, même pas les professeurs. Pendant la classe de musique, il m'humilia et ce jour-là, j'en ai eu assez. Sur l'impulsion, j'ai pris ma flute et, comme réponse, je l'ai frappé.

J'en avais marre de ses assauts sur mon estime personnelle, j'avais enfin décidé d'y faire quelque chose. Dans mon effort à être la première à le confronter, je me suis retrouvée au bureau du principal. La confrontation m'a causé des pépins. Je n'étais pas protégée, j'ai dû en subir la conséquence. Ceci fut le début du refoulement pour moi. La leçon fut que si je me défendais, ultimement, cela se terminerait péniblement pour moi. Il était mieux de rester tranquille et d'endurer au lieu de rouspéter et de se retrouver en trouble. Ce qui me fut enseigner ce jour-là, était que la seule façon de me défendre était la rétribution physique, ce qui équivalait à une punition pour moi. Si j'avais su quoi dire pour me défendre, les évènements se seraient déroulés différemment. Puisque les professeurs et l'administration n'imposaient pas de limites à ce bully, comment pouvaient-ils m'enseigner quelque chose qu'ils ne pouvaient pas faire eux-mêmes. L'intimidation persista jusqu'à ce qu'éventuellement nous sommes allés à différentes écoles secondaires.

Nous nous excusons parce que lorsque l'on dit ce que l'on pense vraiment, on se fait blesser. Je peux maintenant regarder en arrière et voir ce cycle se répéter fois après fois tout au long de ma vie. Lorsque mon père s'est remarié, je n'étais pas très bien traitée par ma belle-mère. Elle était jalouse que mon père soit tellement content de me voir et qu'il passe du temps avec moi. Je n'ai jamais dit à mon père comment elle me traitait pendant qu'il était au travail car je ne voulais pas causer de conflits. Il était en amour et heureux et ne voulais pas changer cela pour lui. La sœur de ma belle-mère demeurait à coté avec ses enfants. Lorsque je partais passer quelques jours chez ma grand-mère, je laissais ma grosse valise chez mon père et j'emportais seulement ce dont j'aurais besoin. L'une de ces fois, lorsque je suis retournée chez mon père, j'ai remarqué que certains de mes vêtements manquaient. Je ne voulais pas pointer du doigt sur qui que ce soit, mais j'avais une très bonne idée de qui pouvait les avoir pris. Je l'ai dit à mon père et l'on m'a remis mes vêtements, mais je me suis faite bouler par ces filles pour avoir parlé. Encore une fois, j'ai utilisé ma voix et ça s'est retourné contre moi. Je n'étais pas protégée par ceux qui auraient dû le faire.

Il semblait que les choses s'envenimaient lorsque je disais la vérité. Je vois maintenant que beaucoup de ces expériences étaient ma faute puisque je ne mettais pas de limites. Refouler était ma façon de me protéger. Je permettais aux gens de me manquer de respect. J'avais peur des conflits et même maintenant, je suis très nerveuse lorsque je dois me défendre ou défendre mes enfants. Je préfère faire plaisir aux autres afin de garder la paix. Mes enfants sont l'opposé de ce que j'étais dans ma jeunesse. Ils ne sont pas gênés et sont très confiants. Souvent, ils se retrouvent dans le pétrin pour avoir dit la vérité. Je dois alors les défendre même si je sais que cela peut nuire à mes relations avec d'autres parents, mais je vais toujours les appuyer et les défendre. Comme je ne peux pas perpétuer ce cycle, même si c'est ma zone de confort, j'ai donc décidé de briser le cycle en disant toujours la vérité. Je vois comment le fait de supprimer ma voix est devenu toxique pour Scott et moi-même. J'étais programmée depuis mon jeune âge à ne pas dire la vérité. J'ai appris qu'il valait mieux me tenir tranquille au lieu d'utiliser ma voix, ce qui m'occasionnait presque toujours des ennuis.

Je vois comment le besoin de plaire et de rester tranquille ont joué un rôle dans beaucoup d'aspects de ma vie. Ce fut les racines de mon refoulement. Je voulais toujours être bonne, suivre les règles et ne pas dire ma vérité si elle n'était pas assez belle. Cela fut le rythme de suppression sous lequel je vivais.

Je m'excusais constamment même lorsque ce n'était pas nécessaire, pour moi ou pour mes enfants, ce qui me retenait prisonnière de ce cycle. Maintenant que j'ai décidé de me libérer, j'apprends activement à propos des limites et à exprimer ma vérité.

J'ai aussi réalisé que se défendre soi-même et défendre notre famille peut nous faire perdre des amis. C'est pourquoi j'inculque, pour moi et mes enfants, l'importance de ne pas tolérer le comportement d'intimidation dans le futur.

J'ai acheté des livres pour toute la famille afin d'apprendre comment ériger nos limites. Je travaille avec ma conseillère afin de trouver la confiance pour utiliser ma voix. Lorsque quelque chose ne résonne pas bien ou lorsque je me sens lésée, je communique avec la personne de manière calme et pacifique mais assertive. Mon message est clair et j'expresse mes limites. Ceci ne se passe pas facilement pour moi, puisque j'aimes mieux éviter les conflits à tout prix. J'aimerais mieux rester tranquille et garder mes émotions enfouies à l'intérieur. Cependant, je sais trop bien que ça finirait par endommager mon système nerveux et mon système immunitaire.

J'enseigne à mes enfants à communiquer avec leurs amis de cette même manière calme, pacifique, et avec fermeté s'ils se sentent le moindrement lésés. Apprendre à communiquer proprement aide à atténuer les conflits et à savoir fixer ses limites au tout début d'une relation.

Lorsque j'ai commencé à utiliser ma voix et à ne dire que la vérité, plusieurs ont été pris au dépourvu. Ils me disaient, « Tu as changé » ou « Ça ne te ressemble pas. » Ils avaient raison! Je changeais, grandissais et apprenais à délimiter mes frontières. Il y a eu beaucoup de résistance et j'étais d'accord avec ça. Je n'aime pas blesser les gens mais fixer nos limites ne blesse personne. Les gens peuvent se sentir lésés par vos limites, mais c'est ce qui aide dans les communications et le comportement entre les individus.

Je vois que ça fonctionne avec mes enfants. Lorsqu'un des deux est perturbé par un ami qui rit de lui ou qui lui cri des noms, je lui dis d'aller vers cette personne et de lui expliquer calmement qu'il blesse ses émotions et qu'il aimerait qu'il cesse de faire cela. La plupart du temps, cela n'arrête pas le comportement aussitôt. Fixer ses limites doit être répété plusieurs fois, mon enfant peut aussi ajouter que si cet ami continue son petit jeu, il le perdra comme ami à cause de ses insultes. Maintenant, mon petit devra aller jusqu'au bout.

Je parle ici des amis de mes enfants qui les rabaissent et ne veuillent pas leur bien. C'est important pour moi que mes enfants apprennent à rechercher le meilleur cercle d'amis, ceux qui les épauleront, les encourageront, les aimeront et seront là pour les écouter. Pas de jalousie. Pas d'ami négatif ou rancunier. Il est important, dès le jeune âge, de remarquer ces caractéristiques. Qui sont vos amis authentiques? Qui bavassera de vous dans votre dos? Qui vous supportera? Qui sera là lorsque vous serez triste? Qui sera là lorsque vous brillerez et réussirez? Ont-ils les mêmes valeurs que vous?

Un pas que j'ai fait vers ma vérité fut d'écrire. J'écrivais des lettres au gens dans mon journal personnel ou je pratiquais avec ma conseillère. Cela remontait ma confiance en moi. J'étais très nerveuse et le suis encore lorsque je dois adresser quelque chose. Mon discours n'est pas toujours parfait. Je continue d'apprendre en chemin et je ferai surement d'autres erreurs.

Chapitre 22

Vivre dans un Cercle Vicieux et un Cul de Sac

> **Le mensonge** est que ce qui est familier est sécure.
> **La vérité** est que parfois ce qui est familier est aussi toxique pour nous.

Les cycles et modèles de comportement sont ce qui nous retient dans notre zone de confort. Ça nous ramène constamment vers ce qui est familier, même si ce n'est pas un environnement sain. La vie est difficile et dans les durs moments nous avons besoin d'aide. A la seconde où la noirceur part, il est facile de retourner dans le cycle du vieux confortable : l'engourdissement, le refoulement et l'ignorance. En quelque sorte dans ce cycle nous oublions. Nous oublions à quel point nous avons besoin d'aide. Nous oublions la douleur et nous pensons qu'en refoulant tout ira mieux.

Ceci était le cycle dans lequel je vivais fois après fois. J'ai vécu cela à chaque fois que mon mariage allait mal. Je me suis vue sur le bord du précipice et j'ai fait ce que je devais faire afin de changer notre environnement, alors les choses semblaient aller mieux pour un moment. Après un certain temps, je glissais une fois de plus et le refoulement de ma vérité revenait, ce qui n'était autre que le début du prochain cycle.

Scott avait lui aussi un cycle bien à lui. Lorsqu'il broyait du noir, il prenait plus de pilules et d'alcool...n'importe quoi afin d'engourdir sa peine immense. Une fois qu'il était engourdi, il paraissait, pour un court instant, que sa peine n'était plus là. Alors nous pensions tous que nous pouvions avancer mais ce n'était que le bouton qui venait d'être poussé afin de débuter un nouveau cycle qui suivait son cours, encore et encore.

Le cycle crée un certain niveau d'insanité.

Le cycle est issu du silence causé par la suppression.

Je me souviens du jour où nous voulions aller camper pour deux jours près d'un lac à 45 minutes de la maison. Le camping stipulait 'Premier arrivé Premier servi' pour le choix des lots. J'ai accepté de remplir le VR et de partir plus tôt avec les enfants afin de s'installer. Scott devait nous rejoindre après son travail pour profiter d'un week-end en famille. Nous aimions tous camper et c'était une bonne façon de s'éloigner de la norme de la maison.

Les enfants étaient âgés que quatre et six ans. Ils sont descendus du VR et se sont mis à jouer avec leurs jouets dehors pendant que j'installais notre camp. Nous étions excités de voir papa lorsqu'il finirait son travail et nous avions plané d'aller au lac avec notre radeau gonflable. Nous irions pêcher avec papa. C'était le sport favori de Scott, alors les enfants et moi pensions que ce serait formidable pour lui de pêcher après sa journée de travail.

« Papa arrive! » les petits s'exclamèrent lorsqu'ils aperçurent le camion venir vers le terrain. Scott descendit et Sophia et Mateas coururent pour lui donner des gros câlins. Il les souleva dans ses bras et cela fit fondre mon cœur. Le voir en amour avec nos enfants me rendait tellement heureuse. C'était comme si nous étions une famille heureuse, mon rêve d'une famille unie.

Scott s'est dirigé vers le VR, est entré et s'est étendu sur le lit avec son téléphone. Je suis resté dehors pour jouer avec les enfants. Un peu plus tard, je lui ai demandé s'il avait faim, il m'a dit que non. J'ai fait manger les enfants en pensant que je devais donner du temps à Scott après sa dure journée. Quelques heures plus tard, je suis entré dans le VR et lui ai demandé si nous pouvions aller pêcher sur le radeau en famille. Il répondit non et qu'il était trop fatigué. J'étais désappointée et me demandais pourquoi il était venu? Serais-je encore seule à m'occuper des enfants et à les divertir? Nous savons tous que des jeunes enfants ont besoin d'attention continuelle et qu'il faut toujours un adulte tout près d'eux. Autrement dit : moi comme toujours. J'étais reconnaissante pour cela car j'adore mes enfants et je sais comment ces précieux moments passent trop vite année après année. Cependant, je voulais profiter de ces moments *en famille* avec Scott.

Comme j'emballais notre petit radeau, j'ai vu Sophia entré dans le VR. Elle allait demander à son père s'il pouvait nous joindre. Si quelqu'un pouvait inciter Scott à venir avec nous c'était surement sa fille chérie. Mais ce ne fut pas le cas. Il est sorti du VR, a marché vers son camion et est reparti.

Instantanément mon estomac s'est contracté. Les enfants ont couru vers moi en pleurant et je les ai serrés très fort dans mes bras. Comment pouvait-il faire cela à ses propres enfants? Ils m'ont demandé pourquoi il était parti. Ils pensaient que c'était de leur faute, qu'ils étaient méchants. J'ai tenté de l'appeler mais il ne répondait pas. Le week-end heureux en famille était terminé. Je ne voulais pas rester là toute seule. Tout ce que je voulais était de repartir pour la maison.

Avec Sophia et Mateas qui pleuraient, j'ai remballé le tout. Eux aussi voulaient retourner à la maison et voir leur père; ce qui me fit réaliser le dommage qu'il infligeait aux enfants. Ils ne pouvaient pas comprendre pourquoi leur papa nous avait laissés seuls. Je n'étais pas certaine de ce que je devais faire. J'ai conduit le VR à la maison. J'ai installé un film pour les petits afin de pouvoir parler avec Scott en tête-à-tête. J'étais vraiment inquiète pour lui et lui ai demandé s'il avait des idées suicidaires. Je lui ai dit que son comportement m'inquiétait et que ça nous affectait tous. Il répondit qu'il ne pensait pas à se suicider et qu'il était seulement triste pour son père. Son père avait été diagnostiquer d'un cancer et Scott était très proche de lui. Il dit qu'il était bien et qu'il avait juste besoin de se reposer. Je lui ai demandé s'il serait prêt à se faire aider par un professionnel et il refusa. « Je suis bien » était sa réponse habituelle. Je lui ai demandé de ne pas boire pendant qu'il prenait des pilules de prescriptions. Il a dit «Ok » et les choses s'améliorèrent pour un temps. Il cessa de boire pour un mois. Il avait l'air plus heureux et nous retournions, tous les quatre, dans le cycle.

J'ai passé par un cycle de *'J'en ai fini avec ce mariage'* et *'Je ne partirai jamais'*. J'ai consulté et demandé comment je pourrais mieux aider mon mari. On m'a répondu de lui donner de la sympathie et de la compassion. Ce que je fis, mais parfois je devenais frustrée parce que je ne comprenais pas. Je ne comprenais pas tout ce qu'il passait à travers. C'était difficile d'être compatissante avec quelqu'un qui était si distant avec ses enfants. Si, moi je ne comprenais pas, Sophia et Mateas ne comprenaient définitivement pas.

Ça me fâchait lorsqu'il passait son temps au téléphone. Je lui en parlais mas ça ne l'aidait pas à vouloir être présent pour ses enfants. Il se mettait à crier, puis nous recevions le traitement du silence pendant des jours. Alors, je pensais à le quitter mais les logistiques paraissaient impossibles. Où pourrais-je trouver un appartement sécuritaire à Wassila? La location était très dispendieuse et j'aurais à travailler cinq jours par semaine. Il faudrait engager quelqu'un pour amener les enfants à l'école et les reprendre. Qui prendrait soin d'eux lorsque Scott en aurait la garde? Il pouvait à peine prendre soin de lui-même.

Et puis un jour, il revenait du travail, s'assoyait dans le salon avec sa guitare et les enfants chantaient et dansaient. Ça me rendait tellement heureuse. Nous parlions en prétendant que rien n'était arrivé. Il me donnait un gros câlin et me disait, « Je t'aime ». Souvent il ajoutait « Tu es la seule femme avec qui je veux être pour toujours ». Dans ces moments-là, je me sentais aimée et sa tendresse me sécurisait. Je l'aimais aussi et je m'agrippais à ce Scott que je connaissais bien. Je connaissais son grand cœur et ce que nous espérions pour notre petite famille. Nous voulions vieillir ensemble et étions heureux d'avoir deux merveilleux enfants. Il y avait toujours de l'espoir. J'aimais aussi comment les maris de mes copines étaient amis avec Scott. Ils l'aimaient et ils avaient toujours beaucoup de plaisir en sa compagnie.

Connaissant le cycle tellement bien, ma peine et mes peurs resurgissaient en masse. Je pensais à d'autres mariages qui avaient traversé des addictions, des affaires, et même des dépressions. Nous pourrions y arriver aussi, mais tout semblait être sur mes épaules. Alors je continuais à faire tout le travail afin que nous puissions y arriver. Je me sentais souvent dépassée avec les tâches d'élever mes enfants par moi-même, aidé mon mari émotionnellement et de gérer mon bien-être personnel. Certains jours étaient vraiment lourds. Ces cycles sont similaires à des remous dans lesquels nous nous sentons coincés. Lorsque vous êtes là, vous le savez. Je vous vois et vous comprends. Il y a de l'espoir pour vous de sortir de ces remous. Ce que j'ai appris est que je devais commencer par prendre soin de mes propres états mentaux et physiques.

Chapitre 23

Insatisfaction

Le mensonge est que nous avons besoin de plus en plus de choses matérielles.
La vérité est que nous avons besoin de plus de calme et d'espace afin de regarder à l'intérieur.

Je crois que la plus grande illusion avec laquelle nous luttons à tous les jours, est d'avoir besoin de plus de choses matérielles. Plus d'argent, plus de jouets, plus de vacances ... PLUS, PLUS, et encore PLUS! J'ai remarqué cela plusieurs fois au cours de ma vie. J'ai vu des gens que je ne connaissais pas et quelques-uns que j'aimais qui essayaient de trouver une satisfaction dans les 'choses' et qui se sentaient, tout de même, très insatisfaits et misérables.

A vingt ans je suis devenue hôtesse de l'air. Après trois ans à travailler pour Air Canada, on m'a offert une opportunité incroyable qui m'amènerait à voler comme hôtesse sur des jets privés. J'aimais cet emploi, et en plus, je travaillais avec ma meilleure amie. Nous avons voyagé à travers le monde et j'ai vécu des expériences extraordinaires. Les gens que j'ai rencontrés et avec qui j'ai parlé ont changé ma vie. J'ai eu la chance de voyager avec un ancien Président des Etats-Unis, des superstars politiques et quelques-uns des plus grands musiciens et artistes-pop de la planète. Je me suis rendu compte que même si quelques célébrités étaient snobs et rudes, la plupart étaient actuellement gentils avec moi, même si je n'étais que leur hôtesse de l'air. Avec ces individus, il semblait qu'il n'y avait aucune séparation entre les riches, les titrés et moi. Je vais toujours me souvenir comment ils m'ont traitée. Ce fut une leçon d'être humain, peu importe qui que vous soyez.

J'ai aussi été témoin de quelque chose de profond.

La société nous a appris à croire que si vous étiez célèbre, la vie serait parfaite et formidable, mais j'ai vu de mes propres yeux qu'il n'en était rien. Je me souviens avoir vu et ressenti leurs profondes tristesses qui vivaient au milieu de toutes leurs richesses. Ces célébrités vivaient le rêve de la plupart des gens! Ils possédaient un jet privé et pouvaient voyager n'importe où si le cœur leur en disait! La plupart des gens pensent que c'est le bonheur total!

J'ai constaté que ce n'était pas vrai.

Plusieurs de ces icônes étaient très malheureux. Leurs vies étaient remplies de tout ce que vous pouvez imaginer, mais c'était une vie extrêmement INSATISFAISANTE.

La RECHERCHE continuelle les faisait se sentir Privés de quelque chose.

C'est ce qui arriva à Scott.

Scott ne pouvait pas lâcher prise sur la poursuite en justice. Il voulait prouver qu'il avait raison et voulait garder son argent et c'est ce qui a détruit sa joie de vivre et son expérience de vie pour plus de sept ans. La vérité est qu'il a perdu plus d'argent en essayant de gagner sa cause. Il avait réhypothéqué la maison et emprunté afin de payer ses avocats et travaillait six jours par semaine. Il refusait de réduire notre train de vie, même si je lui avais demandé. Je lui avais expliqué que je voulais ravoir mon mari et que j'aimerais mieux le ravoir avec moins de stress.

Les factures et la cause judiciaire étaient devenues ses plus grands stress. Retourner à une vie plus simple et lâcher prise sur la poursuite étaient ma solution. Il n'accepta ni l'un ni l'autre. Pourquoi? Probablement parce que la maison et sa pratique dentaire étaient ce qu'il travaillait pour. C'était SA VISION, SA VERITE. La grande maison, la grande pratique dentaire . . . peut-être que pour lui, ces choses définissaient qui il était. Perdre ces choses le ferait paraitre faible mais pour moi, lâcher prise voulait dire la liberté et le bonheur retrouvé.

Je sais que Scott n'était pas seul dans tout cela; se noyer dans les dettes et gérer une poursuite tout en rêvant d'un style de vie grandiose.

J'ai rencontré des femmes qui m'ont raconté l'histoire de leur mari, leur frère, ou un ami qui se sont suicidé parce qu'ils étaient endettés par-dessus la tête ou que leur entreprise était en faillite.

Lorsque nous regardons en dehors de nous-même pour se sentir satisfait, nous nous mettons dans une situation précaire. Les situations extérieures peuvent toujours changer. Si nous basons notre valeur sur nos comptes de banque, nos entreprises, ou combien d'autos et de jouets nous avons, alors nous devenons inconstants. Lorsque nous essayons de se satisfaire avec ces *choses*, nous pouvons aussi nous sentir vides. Ce chapitre est un rappel afin d'arrêter de juger notre valeur par rapport au monde extérieur. Arrêter de croire que vous allez finalement être heureux si vous avez un certain montant d'argent à la banque, que votre entreprise va atteindre un certain revenu magique, ou que vous allez enfin conduire l'auto de vos rêves.

J'ai vu mon mari perdre sa vie des années avant qu'il meure. Il avait perdu l'essence de vivre lorsqu'il a tout misé pour gagner la poursuite judiciaire. Il a perdu sa joie de vivre lorsqu'il a voulu faire de plus en plus d'argent.

Nous ne serons jamais satisfaits par les choses que l'on possède; ce n'est qu'une illusion qui revient fois après fois, nous jouant des tours avec ces choses matérielles.

Vous pouvez peut-être atteindre votre but, mais à quel prix? Vérifiez et demandez-vous, « Comment est mon mariage, ma santé et mes relations avec mes enfants? Quel est ma connexion avec Dieu? » Servez vous de cette mesure afin de connaitre votre niveau de satisfaction.

Afin de vous sentir satisfait vous devez vous aimer vous-même et savoir qui vous êtes vraiment. Quel est votre but dans la vie? Si votre but est l'argent, vous donnerez donc à l'argent pouvoir sur votre vie. Si votre but est l'amour et être de service pour les autres, vous serez satisfait. Utiliser votre énergie créative afin d'épandre la lumière autour de vous et des autres, ce qui vous apportera de la joie. L'argent viendra et s'en ira et si vous lui donnez du pouvoir, il vous détruira lorsque votre compte en banque baissera. Si vous croyez vraiment dans votre mission et votre appel, alors utilisez le feu à l'intérieur de vous-même pour vous propulser vers l'avant. L'argent reviendra lorsque vous suivrez votre appel réel et votre mission.

Chapitre 24

Division

Le mensonge est que nous sommes supérieurs aux autres cultures, religions, croyances ou vues politiques.
La vérité est que nous ne sommes pas supérieurs ou inférieurs. Nous sommes Un.

La Division est la corruption de l'humanité.

La division est ce qui provoque beaucoup de ravages dans nos vies, nos familles, et nos communautés.

J'ai bien aimé un livre reconnu qui unie deux relligions : 'The Book of Joy' par le Dali Lama et Desmond Tutu. C'est un exemple merveilleux du changement, dont notre monde a besoin, en adoptant la diversité et en favorisant la compassion envers son prochain.

Nous vivons la division dans nos idées, nos religions et nos gouvernements.

A partir de ma propre perception et de mes recherches, je me suis rendu compte que la foi est le facteur principal qui entre en jeux afin de guérir les gens de leur noirceur. La Divine Intervention s'est présentée chez plusieurs personnes avec qui j'ai discuté. La Source Divine de Lumière apporte l'espoir, une guidance, la communauté, la prière et la gentillesse même si plusieurs ne veulent pas parler de ce sujet. Ils ne veulent pas faire chavirer le bateau.

Mon instinct me dit d'élaborer sur le sujet de la Foi.

Je ne peux pas parler du suicide, de la dépression et de l'abus sans amener le concept de la foi dans une Puissance Supérieure. Je reconnais que vous pouvez avoir des déclencheurs avec le mot Dieu. Pour certains, c'est à cause de leurs drames religieux.

Le problème est que les gens associent Dieu avec la religion. La religion DIVISE. J'ai rencontré des gens divisés à cause de leurs religions un peu partout. Dans mes voyages à travers le monde comme à Bali, aux Indes, au Pakistan, à Hong Kong et Dubaï, j'ai remarqué quelque chose de simple : Dieu est Dieu, quel que soit votre religion.

Dieu est Amour et Dieu veut que nous nous aimions tous, sans jugement ou crainte. Dieu a placé la diversité chez les humains pour que nous apprenions l'un de l'autre et réalisions que nous ne sommes qu'Un. Le but de notre diversité est de nous aider à connecter avec le Divin.

Toutes les religions ont des aspects positifs comme créer de l'espoir, la communauté et installer des bons comportements l'un envers l'autre. Pourquoi ne pas construire un pont d'union entre les religions au lieu d'un mur de briques? C'est déroutant pour moi que nous jugions les gens en se basant sur leurs croyances religieuses. Chacun suit son propre chemin de vie et la plupart semblent croire en une Puissance

Supérieure. Pourquoi ne pas s'unir et collaborer avec nos propres dons et la sagesse unique?

Dans nos deux familles, celle de Scott et la mienne, il y avait des croyances variées, mais j'ai remarqué un point commun partagé : Jésus nous guide à travers la lumière de Dieu et suivre ses enseignements nous rapproche de Dieu. Lire des livres sur d'autres religions a contribué à ma croissance spirituelle. Cependant, j'ai remarqué que la religion peut créer des séparations. Lorsque nous nous identifions à une religion spécifique, comme dire : « Je suis Chrétien, » « Je suis Juif, » ou « Je suis un Scientologue », la plupart du temps les gens vont vous catégoriser et vous juger instantanément.

Pourquoi ne pas dire simplement, « Je crois en une Source de guidance et nous sommes tous connectés »? La religion peut vous conduire loin de Dieu, mais Dieu est Amour. Le rechercher vous révélera Sa guidance. C'est crucial de s'appuyer sur Sa compréhension plutôt que sur la nôtre. Je me soumets à lui, je lui fais entièrement confiance, acquiesçant au Seigneur. Notre objectif est de se servir les uns les autres avec amour. Certaines parties de la bible peuvent être mal interprétées par les hommes. Ne laissez pas ces fausses interprétations vous persuader de ne pas lire la bible. Cherchez Dieu par vous-même. Trouvez Dieu. Je crois que c'est comme ça que vous SORTIREZ de votre noirceur.

Est-ce que je préconise d'être la porte-parole sur ce sujet? Non, je préfèrerais être silencieuse et focusser sur ma famille. Néanmoins, je sens un appel de Dieu pour attirer l'attention sur cette issue parce que notre monde a besoin d'un changement positif. Je crois qu'en travaillant ensemble, nous pouvons promouvoir la gentillesse et offrir nos prières l'un pour l'autre. Il est essentiel d'élever les vibrations sur la terre et d'éliminer les croyances restrictives. Commençons par comprendre l'enseignement de Jésus au lieu des interprétations basées sur la peur que plusieurs ont enseignées.

L'expérience de la pandémie de COVID a démontré comment les humains peuvent inculquer la peur, causant une détresse et division généralisées. Votre moi intérieur (Dieu) a probablement questionné le bon sens dans tout cela. Regarder les nouvelles peut escalader l'anxiété. Peut-être, que faire confiance à Dieu au lieu de se baser seulement sur les nouvelles aurait put apporter plus de facilité durant ce temp insécure. COVID devint un exemple malheureux de division entre humains menant à la perte d'amis à cause des choix sur la vaccination. La question se pointe : Pourquoi avons-nous besoin d'être si divisés? Plus d'amour et de compassion pourrait réduire de manière significative la destruction et la haine.

Aidez-moi à élever les vibrations sur cette planète, Faites-le pour le monde, mais avant faite-le pour VOUS.

Commencez aujourd'hui en communiquant avec Dieu. Commencez par établir une connexion avec Dieu, ou le terme qui résonne pour vous si vous êtes inconfortable avec le mot « Dieu ». J'ai passé dix ans à ne pouvoir prononcer ce mot, parce que j'étais confuse par l'enseignement de l'église qui utilisait des tactiques basées sur la peur. Maintenant, je réalise que certains de ces enseignements ont été faits par les humains et ne sont là que pour créer la peur.

Considérez de lire la bible ou un app sur la bible. Si quelque chose ne résonne pas avec vos sentiments lorsque vous lisez, soyez libre de laisser-aller. Il y a une richesse de bonté et de sagesse dans ce livre. Je demande pour une journée globale de prières, (ce qui devrait faire la une des nouvelles) encourageant les gens à prier pour leur pays et notre planète. Nous devons prier pour des dirigeants qui auront le courage de nous réunir, de révéler la vérité sur les compagnies pharmaceutiques et l'industrie de la nourriture, et de diriger un changement collectif afin de sauver notre planète.

Prenons notre inspiration sur les cultures autochtones qui respectaient la nature et transmettaient la sagesse. La terre et les futures générations sont en jeu, et beaucoup de gens transportent l'incertitude et la division dans leurs cœurs. Nous devons faire confiance et explorer les paroles de Dieu pour qu'Il nous guide à travers ces défis. Les mots ont le pouvoir de guérir les cœurs brisés de ce monde. Si nous rejetons nos intérêts égoïstes, nos esprits peuvent être éclairés et nous pourrons être connectés!

Il est impératif que les plus hauts dirigeants, les nouvelles, et tous les autres médias collaborent et partagent les messages de Dieu, révélant ainsi la vérité pour des raisons désintéressées. Imaginez si les compagnies pharmaceutiques étaient honnêtes à propos de leurs produits, cela pourrait potentiellement sauver des vies et prévenir des difficultés familiales.

Il y a un désir collectif pour la vérité, qui peut être trouvée dans les paroles de Dieu. Il est donc essentiel de s'habituer à les lire, en demeurant loin des nouvelles qui sont simplement remplies de noirceur. Soyez vigilants sur ce que vous regardez, ce que vous écoutez et absorbez; cela façonne vos pensées et envahit votre cœur.

Lorsque plus de gens se lèveront pour partager la lumière de Jésus, nous pourrons défier le destin de la planète. Suivre la loi de Dieu contribue à un résultat positif, cependant, la négliger mène à la destruction et augmente la noirceur. Surmonter la division demande l'acceptation de l'amour et de la vérité du Christ.

Scott avait choisi de ne pas croire, mais je ne l'ai pas jugé. Il se moquait souvent de plusieurs religions. Il était très intelligent et aimait les faits. La religion lui faisait peur. Après la naissance des enfants, j'ai décidé de retourner à l'église. Je savais à quel point cette fondation avait impacté ma vie. J'ai trouvé une église merveilleuse à Wassila. J'aimais comment les pasteurs partageaient la bible avec des faits vécus. J'aimais aussi la musique et les chants.

Lorsque je suis retourné à l'église et que j'ai commencé à approfondir ma foi, une vague de tristesse m'a envahie et j'avais envie de pleurer. J'étais triste parce que j'avais délaissé cette communauté, cette croyance. C'était tellement beau. C'était important pour moi d'amener mes enfants à l'église. La plupart de mes amies allaient à l'église et y amenaient leurs enfants. J'apprécie que Scott ne m'ait jamais empêchée d'y aller. Nous lui avons souvent demandé de nous joindre. Je lui avais expliqué que l'église n'était plus la même chose qu'auparavant. Je lui ai même demandé de venir y jouer de la guitare, mais il a toujours décliné.

Malheureusement, quelques fois je me sentais coupable parce que c'était la seule journée de congé de Scott et nous voulions passer du temps avec lui aussi. J'étais déchirée. J'aimais mon église et la façon dont je me sentais quand je retournais à la maison après le service. C'était une communauté pour moi.

Cela apportait de la lumière sur ma vie et mes idées. Je priais avec Sophia et Mateas à la maison. Scott semblait aimer cela pour les enfants et je lui étais reconnaissante qu'il ne parlait pas contre devant les enfants.

Je sais que lorsque j'ai prié pour lui à l'hôpital, il savait que tout cela était vrai. Les docteurs m'avaient dit qu'il était complètement en état de mort cérébrale mais je sais que son esprit était présent dans la chambre. Il était tenu en vie par tellement de machines. Il a versé une larme lorsque j'ai prié pour lui. Je n'oublierai jamais ce moment. Je sais dans mon cœur, que ce jour-là, il croyait finalement en Jésus et qu'il l'a vu. Je suis demeurée des heures à son chevet, lui disant que je lui pardonnais, que je serais toujours reconnaissante pour lui et que je l'aimais et l'aimerais toujours. Surtout je l'ai imploré de protéger nos beaux enfants.

La Noirceur : la lourde couverture qui pèse sur nous. C'était le trou qui s'enfonçait et dont lequel Scott ne pouvait s'échapper. Cela suintait dans chaque coin de nos vies : notre entreprise, notre maison et notre famille. Je pouvais détecter l'obscurité dans ses yeux.

Quand j'ai commencé à dire ma vérité, beaucoup m'ont parlé de leur tendance au suicide et je leur pose toujours la même question : « Qu'est-ce qui vous a fait décider de choisir la vie cette journée-là? » Quelques personnes m'ont dit que quelque chose a l'intérieur de leur cœur (Dieu) leur avait dit d'arrêter et d'aller demander de l'aide. Ils ont pris leur téléphone et appeler la ligne d'assistance au suicide ou un ami, ou ils en ont parlé avec leur partenaire. Ils ont utilisé leur propre voix pour demander de l'aide et ont raconté la vérité sur leurs idées de suicide. D'autres m'ont confié qu'il y avait eu une intervention divine qui ne leur permettait pas de mourir. Tous ceux qui ont partagé leur histoire croient maintenait en DIEU. Il est extrêmement important que vous voyiez ceci et la réalité que sans la foi et la croyance en Dieu, il n'y a pas d'espoir.

Scott ne croyait pas en Dieu et n'avait aucune croyance spirituelle. Il était vraiment fervent des faits tangibles. Il n'avait pas grandi dans la foi et n'y était pas intéressé en tant qu'adulte. C'est pourquoi je crois qu'il est crucial de planter ces graines dès l'enfance.

Pour plusieurs années, j'ai vécu dans la noirceur qui essaie de nous éloigner de Dieu. C'était une noirceur tellement dense, que parfois, je ne pouvais pas m'allonger près de mon mari. J'avais peur de lui et Dieu me protégeait.

Nous avons besoin de plus d'amour, de gentillesse, de compassion et d'empathie autour du monde.

Chapitre 25

S'éloigner
de la Lumière

> *Le mensonge* est que lorsque la noirceur nous enveloppe, il n'y a pas d'échappatoire. L'illusion est que lorsque la noirceur frappe, vous n'avez aucune chance.
> *La vérité* est qu'il y a toujours de l'espoir.

S'éloigner de Dieu et de sa lumière vous mènera à la noirceur. Ce n'est pas le mal ou les démons qui vous mènent à la noirceur, juste de s'éloigner de Dieu le fait. Les idées de démons et du mal créent la peur. La peur crée l'anxiété et les nuits d'insomnie. J'ai ressenti la noirceur de Scott parce qu'il s'éloignait de plus en plus de Dieu. Ses choix lui ont attiré plus de noirceur, des sentiments de culpabilité, de la honte et de la colère.

Je crois que nous pouvons sortir de la noirceur, transformés. Nous accumulons la sagesse qui unira notre corps à notre âme. Votre connexion avec Dieu s'approfondit et vous avez une nouvelle capacité à aimer toutes choses. Vous devenez plus authentique à mesure que vous guérissez. Le processus de la guérison est là pour la vie entière. Je recherche la croissance et la lumière à chaque jour. Cela m'apporte de la joie et de l'excitement.

Il y a une abondance de connaissances et beaucoup d'écrivains compétents, des conférenciers et des guérisseurs dans le monde. Lorsque nous souffrons, il est souvent difficile de dire pourquoi? Pourquoi est-ce que ça m'arrive à moi? Pourquoi Dieu permet-il des évènements horrifiques? Il y a des leçons pour lesquelles nous sommes venus sur la terre et nous devons les ressentir.

Lorsque Scott est mort, je n'avais aucun autre choix que de focusser sur le moment PRESENT pour ma famille. Je n'ai pas ressenti de culpabilité parce que nous lui avions donné beaucoup d'amour. Je savais que sa décision était venue entièrement de lui. Il a choisi de ne pas demander d'aide et de ne pas être complètement honnête à propos de ses pensées et de ses troubles intérieurs. Mes enfants avaient grandement besoin de moi au moment de sa mort et j'avais à prendre des décisions extrêmement difficiles. Ma profonde dévotion en Dieu et sa guidance étaient cruciales. Il fallait éviter l'alcool et me me concentrer afin de mieux entendre sa voix qui me ma guidait. Le courage, la force et utiliser ma voix était mon nouveau mandat.

Avec la poursuite judiciaire, les deux parties se sont sentis trompés et blessés. Cependant, la façon dont ils ont décidé de gérer la situation créa plus de conflits et a fini par avoir un effet ondulateur sur tous ceux autour d'eux, sur les enfants, la famille, les amis et les employés. Cette énergie négative était extrêmement toxique.

Parfois, un simple changement de perception peut changer votre manière de voir une situation. Par exemple, lors de la deuxième journée de mon aventure à Mill Valley en Californie, avec ma coach d'écrivaine Keira Brinton, l'électricité manqua à 10.30 du soir et n'était pas encore revenue lorsque nous nous sommes éveillées le lendemain à 5.30. Nous avions plané un avant-midi très chargé, avec une réunion de masterminds et d'écriture. Nos ordinateurs et nos cellulaires étaient chargés seulement qu'à 20%. Après notre routine de prières matinales, j'ai dit « Pourquoi n'allons-nous pas dans un café pour travailler? » Ce que nous aurions pu faire, était de rester au lit et ne rien accomplir en espérant que l'électricité reviendrait à temps pour notre réunion. Nous étions dans la maison dans les arbres et il faisait froid, mais nous nous sommes préparés dans le noir et sommes parties.

Nous avons trouvé un petit café à dix minutes de là et avons commencé à travailler à sept heures. Nous avions de la lumière, de l'électricité et le meilleur café en ville. Combien de gens étaient dans le noir et ne pouvaient pas s'en sortir…. Mais il y a toujours une alternative.

Il fut un temps lorsque je suis déménagé en Arizona où je voulais fermer tous mes acomptes sur les médias sociaux et me cacher. J'avais besoin d'une pause, loin du monde. Je n'avais plus confiance en personne.

Un jour, ma mère m'a dit que tout le monde se demandait comment nous allions. J'ai alors mis un post sur Facebook pour montrer que nous allions bien. J'ai reçu plein de réponses, démontrant que les gens se souciaient de nous et qu'ils aimaient entendre parler de nous. Cela faisait du bien et j'y ai vu une façon de communiquer avec les masses. Je n'avais pas le temps d'être au telephone afin d'appeler tous et chacun pour les tenir au courant.

Si je n'avais pas commencé à raconter mon histoire et à la partager, je n'aurais jamais entendu ceux qui m'ont envoyé des messages et ont partagé si généreusement leurs histoires. Pour certains, j'étais la première personne à qui ils pouvaient faire confiance et raconter leur vérité. C'était leur première sortie, ce qui me fit réaliser qu'il était important de continuer à partager afin d'encourager d'autres à examiner leur intérieur.

L'on m'a montré combien de gens sont en relations abusives, deuil profond, dépression, addiction, douleur chronique ou diagnostiqué avec des maladies sérieuses. Pas un ne pouvait voir une porte de sortie mais je suis ici aujourd'hui pour vous prouver qu'il y a toujours une alternative.

Il faut commencer en semant une graine d'espoir et vous pouvez faire cela en entreprenant une conversation avec Dieu. Votre foi est votre premier souffle d'espoir. Commencez par demander une guidance et de la protection. Donnez-lui vos peurs avec un cœur reconnaissant. Remerciez Le pour une chose dans votre vie. Ça peut être aussi simple que de le remercier pour le fait que vous respirez.

Dieu peut créer des miracles.

Pratiquer à chaque jour, communiquez avec Dieu, la Source, le Pouvoir Suprême ou votre cœur. J'ai vu cela fonctionné dans ma vie. Miracle après miracle, les portes se sont ouvertes et cela m'a éblouie à chaque fois. J'ai prié pour que mes enfants soient protégés et couverts d'amour. J'ai demandé qu'Il fasse connaitre sa présence dans leurs cœurs. Je savais que je ne pouvais pas faire cela toute seule. J'avais besoin de Dieu pour m'aider à donner de l'amour et de l'espoir à mes enfants.

Lorsque nous sommes revenus de Maui plusieurs amis ont demandé ce dont nous avions besoin. Comme j'étais sous le choc, je ne pouvais pas penser clairement, et je ne savais pas COMMENT demander de l'aide. C'était un muscle que je n'avais pas utilisé depuis des décennies.

Savez-vous ce qui est arrivé? Des MIRACLES!

- Dieu m'a donné la chance de ranimer Scott.
- Dieu a organisé une armée d'anges pour prendre soin de Sophia, Mateas et de moi aussi.
- Des anges sont apparus sous la forme d'amis.
  - Des amis qui prenaient soin des enfants pendant que j'étais à l'hôpital.
  - L'amie qui m'a conduite à l'hôpital quand j'étais sous le choc complet.
  - Les amis qui ont booké nos billets d'avion.
  - Les amis qui nous ont accueillis à l'aéroport et qui ont même emmené notre chien.
  - Les amis qui nous attendaient à la maison lorsque nous sommes arrivés.
  - Les amis qui nous ont envoyé des repas à chaque jour pour trois mois.
  - Les amis et la famille qui nous ont envoyé de l'argent lorsque nous n'en avions pas.

- Scott qui a laisse glisser une larme lorsque je priais à l'hôpital.

- Le spécialiste qui s'occupait des donneur d'organes, qui m'a guidée à prendre soin de moi en premier.

- Ma conseillère qui m'a guidé et fourni des outils nécessaires.

- Les deux arcs-en-ciel qui sont apparus à la célébration de vie de Scott.

- Ma mère qui fut finalement acceptée pour sa carte verte après quatre ans d'attente et qui est venu s'installer en Arizona pour prendre soin de Sophia, Mateas et de moi.

- Les employés qui ont continué à travailler pour que l'entreprise continue, enlevant ce fardeau de sur mes épaules.

- L'offre sur notre maison, *Tel que Vue*, qui m'enleva le travail de la mettre en scène pour la vendre.

- La meilleure école pour les enfants et ils y furent acceptés.

- La maison parfaite pour les enfants, ma mère et moi.

- Les gens parfaits pour m'encourager à écrire ce livre.

Les amis qui ont écrit des prières individuelles et créé un livre de prières lorsque je suis partie pour mon aventure en tant qu'écrivaine.

Tout ceci était Dieu qui se montrait pour nous en envoyant tous nos amis à l'action. J'ai cherché Dieu et Il a ouvert un chemin devant nous, un jour à la fois.

Nos amis ont commencé un 'Go Fund Me' parce que je devais payer les factures et n'avais aucun accès à des fonds. Il y avait un endroit plus froid au bout de notre driveway et les gens y plaçaient des plats cuisinés et des repas pour nous, pendant trois mois. Sophia et Mateas s'excitaient à chaque jour pour voir ce que nous allions recevoir pour le prochain repas et les pâtisseries. Cela les rendait heureux. Des amis de loin, avaient trouvé un chef local qui nous préparait des repas pour une semaine à l'avance.

Tous les jours, je m'assoyais dans notre centre calmant avec chaque enfant et parfois plusieurs fois par jour. Je me suis rendu compte qu'au fil du temps, les enfants choisissaient une carte de sentiment positif comme celle de la joie. Je leur ai demandé cc qui leurs apportait de la joie. Ils ont répondu qu'ils ressentaient de la joie lorsque les gens envoyaient des repas, des paniers d'activités, des animaux en peluche, de beaux messages et des donations pour payer les factures, Souvent ils me demandaient, « Qu'allons-nous faire maintenant sans papa? » Beaucoup de gens prenaient soin de notre famille et c'est ce qui donnait de l'espoir aux enfants qu'on s'occuperait de nous sans leur père.

Chapitre 26

Ne faites pas tout, tout seul

> *Le mensonge* est que vous êtes un fardeau pour les autres lorsque vous demandez de l'aide ou partagez vos difficultés. *La vérité* est que les gens sont enthousiastes pour aider, cela leur apporte de la joie d'être de service envers ceux qui en ont besoin.

Je sens que ceux qui se débattent le plus avec la noirceur du suicide sont les personnes les plus brillantes. Ceux que la noirceur essaie de noyer sont ceux qui ont les plus grands buts dans la vie. Ils ont tellement de talents. Ils sont intelligents. La gentillesse est facile pour eux à donner. Alors, la noirceur veut les arrêter et se bat très fort pour les arracher à ce monde.

Vous pouvez être la personne la plus intelligente et brillante de la salle mais si vous n'êtes pas capable de ressentir ou comprendre vos sentiments, vous ne serez pas capable d'utiliser vos talents et vos compétences. Scott était brillant, peut-être l'homme le plus brillant que j'ai jamais connu. Il avait un grand cœur, était gentil et bon, mais les cicatrices de son passé ont pris le dessus sur sa façon innée d'être. Sa consomption de plusieurs prescriptions combinée avec l'abus de boisson avait volé sa lumière.

Vous n'avez pas à le faire tout seul.

Trouvez quelqu'un qui vous comprend. Appuyez-vous sur ceux qui ont de la sagesse et de l'expérience. Demandez-leur comment il se sont sortis de la noirceur. Vous devez demander. Vous devez partager et arrêter de refouler. La suppression est ce qui vous fait perdre la bataille.

Si vous luttez contre l'obscurité, si des idées suicidaires vous harcèlent, je vous encourage à trouver de l'aide. Mettez fin au refoulement de vos pensées et à votre stress. Partagez, (Pressez sur le QR code pour l'accès immédiat d'aide). Sachez que si vous vous appuyez sur un système de support, vous pouvez vaincre cette bataille.

Ma famille et ma communauté m'ont aidé à m'élever contre la noirceur.

Je m'efforçais à demander et j'ai appris à me sentir confortable lorsque je recevais de l'aide. Même lorsque nous avons emménagé en Arizona, nous avons dut trouver une nouvelle communauté. Nous avons été chanceux de trouver la meilleure école et un voisinage qui continue à nous choyer avec leur lumière et leur amour.

Lorsque j'ai tout perdu, Scott, le rêve d'une famille unie, et que j'avais zéro dans mon compte de banque, c'est là que Dieu s'est avancé pour moi. Les amis et la famille ont envoyé des donations. Plusieurs étaient au courant que je ne pouvais pas accéder aux comptes bancaires ou l'assurance-vie et que je ne travaillais pas. Ces donations m'ont donné de l'espoir et je sais que Dieu a joué un grand rôle là-dedans. Plusieurs ont prié pour notre famille et Dieu a entendu chaque prière. Vous n'avez pas à être affilié à aucune religion pour prier. Je parle d'envoyer de l'amour et de la lumière à ceux qui en ont besoin. Dieu est mon bouclier et mon protecteur. J'ai confiance dans le chemin qu'il me dessine et chaque jour je lui demande de me guider.

Nous devons faire briller Dieu pour les autres, Nous devons leur rappeler que Dieu est plus fort que la noirceur.

Lorsque vous n'appelez pas à l'aide, vous ouvrez la porte à l'obscurité. Vous abandonnez et arrêtez de croire en Dieu.

Vous ne devez jamais abandonner.

Vous n'êtes pas destiné à conquérir la noirceur tout seul. Il y a une abondance de guérisseurs dans le monde qui attendent que vous leur tendiez la main.

Dieu voulait me laisser savoir qu'Il ne m'abandonnerait jamais. Il a écouté mes prières et va écouter les vôtres. Il ressent votre douleur, Il peut voir vos peurs, Il vous a créé parce qu'il croyait en vous et votre mission pour cette vie ici. A un moment donné, vous aussi aviez confiance en vous, assez pour venir sur la terre afin d'accomplir votre mission. Vous étiez avec Dieu et avez dit oui. Vous saviez que Dieu vous guiderait et qu'il ne vous abandonnerait jamais.

Laissez-moi vous dire quoi d'autre a fonctionné pour moi.

Fermez vos yeux et prenez trois grandes inspirations, trois expirations et commencez à vous remémorer que Dieu est en vous et n'est jamais parti. Il y a toujours un fil d'or entre Dieu et vous. Connectez, adoucissez votre cœur et débarrassez-vous de l'armure que vous avez construite autour de vous. Cela était seulement une protection et non pas de l'isolation. Votre esprit (ego) a besoin d'avoir encore confiance dans votre cœur. Ayez donc confiance dans le procédé et laisser aller le pourquoi. Continuez cette pratique jusqu'à ce que vous recommenciez à ressentir. Laissez les autres s'approcher de votre cœur. Votre cœur aura peur de cela et ce sera très inconfortable au début. Il n'est pas prêt à être blessé encore une fois, néanmoins permettez à l'amour de vous imprégner de la tête aux pieds.

Afin de grandir spirituellement, vous devez avoir confiance et lâcher prise. Puis, les miracles vont commencer à apparaitre et juste un miracle va vous donner le feu vert pour continuer votre pratique. Le flow et la facilité sera comme une dance avec Dieu, 'Un Pas à Deux'. Comme l'artiste Yongsung Kim a dessiné. Yongsung a dit que ses œuvres d'art vous apporteront la paix, le calme et la joie. J'adore cette peinture parce qu'elle me rappelle une vision que j'avais eu de Dieu qui dansait avec moi, dans l'obscurité puis, qu'Il m'amenait jusqu'à la lumière. Lorsque j'ai eu cette vision de moi qui dansais, cela m'a rendue tellement heureuse. Je pensais que c'était parce que j'aime danser, mais lorsque j'ai trouvé cette peinture, j'ai soudain réalisé ce que cette vision représentait.

Un Pas à Deux par Yongsung Kim. Image courtoisie de Havenlight.

Lorsque ma foi a grandi, j'ai laissé tomber mon contrôle sur les choses et tout semblait couler avec synchronicité. J'étais guidée et Dieu ne m'a jamais laisser tomber. Son amour ne m'a jamais laissé. J'avais seulement à me rappeler que j'étais toujours aimée, M'aimer moi-même était aimer Dieu.

«Lève-toi ma chérie, ma très belle, et viens avec moi.»
- **Song of Songs 2.10**

Lorsque vous pensez être dans une crevasse et que la lumière est pâle, regardez à l'intérieur et rappelez-vous que vous êtes aimé. Il y a un amour autour de vous, plus grandiose que vous ne pouvez imaginer. Cherchez à l'atteindre. N'abandonnez pas et ne fermez pas toutes les lumières. Ce sont des leçons difficiles et de l'autre côté de la noirceur se trouve la joie, la paix et le calme.

179

«L'amour n'abandonne jamais les gens. L'amour n'arrête jamais d'avoir confiance, ne perd jamais l'espoir et n'abandonne jamais.» -**1 Corinthians 13:7**

J'ai vu cela avec ma propre famille. Lorsque la douleur, la colère et la noirceur dominaient, l'amour était toujours la réponse. La vie s'arrêtait et tout ce dont je me concentrais était de verser de l'amour sur mes enfants. L'école, le travail et les longues listes de choses à faire était mis au rancart jusqu'à ce que mes enfants se sentent aimés encore. C'était tout à propos de l'amour. L'amour venant de moi, des amis, des professeurs et par-dessus tout, Dieu a soigné le cœur de mes enfants. Savoir qu'ils seraient toujours aimés était la réponse.

Pour ceux d'entre vous qui aimer quelqu'un qui se débat . . .

Cher ami,

Je vois votre cœur blessé. Je vois votre désespoir à trouver de l'aide pour ceux que vous aimez. C'est solitaire et épuisant. Les bonnes journées vous donnent tellement d'espoir. Les mauvais jours sont lorsque vous devez nettoyer les bouteilles d'alcool vides, les déchets sur le plancher, les médicaments sur le comptoir ou lorsque leur colère fait surface. Vous vous demandé comment arranger ça. C'est normal de pleurer et je vous vois. Si vous êtes isolé et que vous n'avez pas communiqué avec des amis depuis longtemps, pensez qui était de bons amis auparavant. Appelez ces amis. Reconnectez. Dites-leur la vérité. Vous aurez besoin d'une communauté et de l'aide professionnel. Vous n'êtes pas seul dans cette bataille et ne pouvez pas faire cela tout seul. C'est beaucoup trop et trop difficile lorsque vous êtes isolé de tous. Prenez soin de vous. Donnez vous de l'amour. Ça n'est pas votre faute. Vous ne pouvez pas tomber dans leur noirceur. Vous devez demeurer fort et vous guérir. Vous souffrez et vous aussi avez besoin que quelqu'un prenne soin de vous.

Avec amour,

Melissa

Chapitre 27

Défier la Resistance

> *Le mensonge* est que vous n'avez pas ce que ça prend pour surmonter les difficultés.
> *La vérité* est que Dieu vous a donné tout ce dont vous avez besoin pour combattre la résistance.

Vous êtes plus fort que vous le pensez!
Poussez à travers les moments difficiles.

Dieu est là pour vous aider à progresser, pas pour rester stagnant. Si la vie était parfaite – pas de tempêtes, pas de problèmes – alors le progrès n'aurait jamais lieu.

Si vous désirez développer vos muscles, ça sera difficile. La croissance est essentielle afin de trouver votre joie. Surmonter les secousses lorsque vous êtes à votre dernière prise dans votre entrainement. Vous verrez plus de changements dans votre corps lorsque vous poussez à travers les dernières répétitions. C'est difficile et vous devrez calmer votre voix intérieure lorsque vous voulez vous effondrer sur le tapis. De plus, assurez-vous de nourrir votre corps proprement pour que cette croissance se produise aussi. La récompense pour persévérer à travers les temps difficiles est le bonheur et la paix. Vous serez impressionné de vos accomplissements et serez fier de vous.

A un moment donné, je me suis rendu compte que les choses qui me dérangeaient avant ne le faisaient plus. J'étais capable de gérer les conflits et le travail difficile avec plus d'aisance parce que j'avais maintenant les outils sur lesquels je pouvais compter. Je suis capable d'utiliser mes connaissances comme mon meilleur système de soutien. Je sais que ces outils travaillent pour moi. Tout le monde n'aura pas la même ceinture a outils mais il y a définitivement des similarités.

Les problèmes avec notre santé physique sont habituellement émotionnels et nous devons apprendre comment utiliser les outils qui sont les meilleurs pour nous. Nourrissez votre esprit et votre corps avec des nutriments riches qui fournissent de la lumière.

Chapitre 28

L'Authenticité est un Aimant

*Le **mensonge** est que c'est plus facile de porter un masque. La **vérité** est que retirer le masque permettra à votre vie de s'épanouir.*

Permettez-vous d'être purement authentique.
Êtes-vous prêt à être authentique? Ça prend du courage et de la dédication pour maitriser l'exploration de votre âme.

Lorsque vous êtes avec votre meilleur ami, vous pouvez être vous-même. Ça fait du bien, n'est-ce pas? Vous vous sentez en sécurité et être authentique vient naturellement.

Puis, vous rencontrez d'autres amis et ressentez une énergie différente de leur part et vous commencez à changer votre façon de réagir. Vous ne partagez pas vraiment comment vous vous sentez. Vous n'êtes pas en sécurité pour dévoiler votre authenticité autour d'eux. Vous avez peur qu'ils ne vous aiment pas et qu'ils vous jugent. Vous vous éloignez de votre âme et construisez une barrière. Votre lumière baisse. Plus vous supprimez votre lumière, le moins vous vous sentez vivant.

Avez-vous déjà remarqué comment certaines personnes vous font sentir? Ils n'ont pas besoin de parler et vous pouvez dire qu'ils sont fâchés contre vous. Pouvez-vous dire si quelqu'un n'est pas authentique? C'est un sentiment très fort et j'ai la tendance de m'éloigner de ces gens-là.

Vous pouvez aussi regarder en vous-même et vous questionner pourquoi vous êtes émotionnellement affecté par ces personnes. Déclenchent-ils d'anciens schémas? Blessent-ils votre amour propre? Votre système nerveux est-il sur l'alerte défensive lorsque vous êtes avec eux? Il est important de mettre vos limites afin de détecter les gens qui n'ont peut-être pas vos intérêts à cœur. Ceci créera un bouclier de sécurité afin de prévenir ceux qui veulent changer ce que vous pensez de vous-même.

Entourez vous seulement de gens qui sont authentiques dans leur caractère. La plupart du temps se sont des gens qui ont fait le travail pour guérir de vieilles blessures. Ils ont confiance en qui ils sont et connaissent leur but.

Devenir authentique devrait être facile, mais pour la plupart ça ne l'est pas. Il y a beaucoup d'obstacles et de masques.

Passer du temps en réflexion, en méditation, regarder à l'intérieur, et grandir vous permet d'écouter votre voix intérieure. Cela fait briller la lumière sur votre but et sur ce qui vous fait du bien. Chacun a un but ou une mission dans la vie.

Il est important de ne pas se laisser aller dans la peur, la colère, la culpabilité et la honte. Relâchez-les et permettez la croissance.

Aimez-vous en premier. Chaque étape afin de devenir authentique vous permettra de former de vrais connections et d'attirer les bonnes personnes.

Choisissez d'agir sur ce qui vous tient à cœur. Ayez confiance en vous. Laissez vous être VOUS. Ressentez la libération. Être authentique amène le bonheur. Dites votre vérité et vous magnétiserez ceux qui vous relèveront. Lorsque vous refouler votre vérité, vous attirez ceux qui suppriment aussi leur vérité.

Soyez celui que vous voulez voir dans votre communauté.

Quand votre communauté arrivera, vous serez fortifié et son support vous comblera.

> Personne ne peut se moquer de vous sans votre consentement.
> (*Source non-vérifiée*)

Chapitre 29

Les Rêves
Que Vous Refoulez

Le mensonge est que les rêves ne se réalisent jamais.
La vérité est que la peur bâtit une barrière autour de vos rêves.

Le refoulement des rêves est aussi toxique que le refoulement de la vérité car vos rêves FONT partie de votre vérité. Je me souviens qu'à chaque fois que je sentais un rêve monter en moi, je ne pouvais voir comment il pourrait se réaliser, alors je le supprimais. Je l'enfouissais profondément afin de ne plus jamais l'entendre.

Il y a tellement de douleur lorsque l'on désire un rêve que nous croyons inaccessible. C'est pourquoi nous refoulons. Je sais ce que c'est de vouloir que son rêve se réalise et la peine lorsque l'on s'imagine qu'il ne pourra jamais se produire. Je sais que les rêves peuvent parfois vous rendre fous et j'ai connu la solitude qui s'installe lorsque l'on doit rejeter ce rêve.

Lorsque l'on vivait en Alaska, je rêvais de déménager en Arizona où ma famille et moi pourrions profiter du soleil à l'année longue, nous pourrions conduire dans d'autres états et mes enfants pourraient recevoir une meilleure éducation. Ceci était mon rêve: vivre parmi les Palmiers à l'extérieur la majeure partie de l'année, mes enfants dans un environnement d'apprentissage bienveillant, et ma mère qui vivrait près de nous. Je regardais pour des maisons, des écoles, des pistes de randonnées, des restaurants et d'autres activités en Arizona. C'était plaisant de rêver et de faire de la recherche. Ça m'apportait de la joie et de l'excitement.

Rêver allume une petite flamme dans votre cœur et vous fait avancer chaque jour. Ça nourri votre âme. S'il-vous-plait, n'arrêtez jamais de rêver et croyiez que ces rêves se concrétiseront. ».

«La logique vous amènera du point A au point B, mais l'imagination vous transportera partout.»
(*Anonymous*)

Chapitre 30

Lâcher Prise

Le mensonge est que nous devons porter tous nos drames avec nous pour toujours.
La vérité est que ces drames peuvent être relâchés et qu'il est possible de vivre en paix.

L a paix venant du lâcher-prise est miraculeuse. Imaginez que votre parcours de vie est comme escalader une montagne en portant un sac a dos. Ce sac à dos contient une pierre pour chaque blessure, chaque peine, chaque mot malicieux qui vous a déjà été dit, et chaque mauvaise pensée que vous avez eu à propos de vous-même.

Par l'âge de 20 ans, votre sac à dos commence à être lourd.

A l'âge de trente ans, le poids est substantiel.

A 40 ans, le poids est massif.

A chaque décennie, le poids va augmenter si vous ne laissez pas aller.

Vous ralentissez sous ce poids. Vous êtes en douleur à cause de ce fardeau massif que vous transportez.

Colère, peur, dépression, honte, culpabilité, doute, jugement et revenge vont envahir votre esprit.

Vous arrêtez d'escalader. Vous êtes épuisé.

La lumière de l'espoir devient de plus en plus sombre.

C'est VOTRE appel à LACHER PRISE. Encore une fois, demandez de l'aide à quelqu'un. Priez Dieu, le créateur, vos guides, ou n'importe quel nom que vous donnez à votre Source Intérieure.

Une fois que vous tendez la main, une pierre tombera de votre sac à dos. Vous verrez une lueur d'espoir.

Une fois que vous apprendrez à laisser aller la douleur et que vous verrez que d'autres aussi transportent un sac à dos lourd, vous perdrez plus de pierres et verrez plus de lumière.

Vous obtiendrez plus de force pour monter encore plus haut et continuerez à escalader cette montagne. Ce sera une randonnée difficile. Vous aurez besoin d'appeler plus de gens, de lire plus de livres, et d'approfondir votre connaissance sur comment vous débarrasser de plus de pierres afin d'atteindre le sommet.

Un excellent livre qui vous aidera à filtrer vos pensées est : *The Myth of Normal par Gabor Maté, MD*

En filtrant vos pensées, vous grandirez et laisserez tomber votre passé. Votre passé ne vous définira plus. Vous ne permettrez plus à ces pierres de vous ralentir.

Bientôt vous serez capable de dévier les pierres quand elles se présenteront à vous. Vous bâtirez un bouclier de lumière autour de vous.

Vous serez capable de continuer à escalader avec la paix dans votre cœur. N'arrêtez jamais d'apprendre à grandir.

Je savais dans mon cœur que Scott devait lâcher prise, mais il ne l'a pas fait. Il ne pouvait pas laisser aller sa colère, sa revange, et le besoin d'avoir raison. J'ai assisté à la destruction que cela a provoqué.

C'est pourquoi lorsque mon mari est mort, sans aucun doute, j'ai **LACHER PRISE**. La meilleure décision que je pouvais faire.

« Exercez-vous à être **GENTIL** au lieu **d'AVOIR RAISON**. [4]» Wayne Dyer a dit cela dans une de ses lectures. Répétez cette phrase jusqu'à ce qu'elle s'imprègne dans vos pensées.

Trouvez votre famille de cœurs, des gens que vous voulez imiter et qui amène le meilleur de vous, des gens authentiques et sans jugements. Créez des limites autour de vous. N'arrêter jamais de rechercher la connaissance et la croissance. Trouvez des professionnels qui vous guideront pour devenir la meilleure version de vous-même.

---

[4] Wayne Dyer sur The Quote of The Day Show avec Sean Croxton, épisode 1530

Chapitre 31

Semer des Graines chez vos Enfants afin de les Aider à s'Épanouir

Le mensonge est que les enfants d'aujourd'hui sont incapables.
La vérité est que les enfants sont des copies de ce qu'ils voient devant eux.

Commencez lorsque vos enfants sont très jeunes à planter des graines en eux: graines de foi, d'amour-propre, de communauté, d'humilité, l'habilité de donner et de recevoir, d'aptitudes en communication, et d'intelligence émotionnelle. Vous n'avez pas à leur enseigner tous ces outils par vous-même, trouvez une communauté ou des mentors qui ont des valeurs similaires. Je me demande souvent comment j'ai fait pour ne pas tomber dans une dépression profonde. Lorsque je retourne à Masilla, un flow de souvenirs m'assaillit et je suis surprise que j'ai été capable de maintenir un état mental sain. Maintenant, je réalise que c'était les graines que ma mère avait plantées en moi au cours des années.

Ma mère parlait souvent de Dieu, de l'estime de soi, de rêver grandiosement, et de ne jamais abandonner. Elle nous tenait constamment actives et l'on jouait souvent dans la nature. Nous mangions des repas sains, préparés à la maison et ne prenions jamais de produits pharmaceutiques inutilement. La lumière de ma maman brille et vous pouvez sentir l'amour qui irradient d'elle. Ceci est son cadeau : lumière et amour. Elle a installé en moi une vision positive de la vie et comment nous devons traiter les autres. Cela fut ma fondation que j'ai emporté tout au long de ma vie et c'est pourquoi j'ai été capable de demeurer dans la lumière.

Je suis vraiment concernée pour nos jeunes présentement.

Le manque d'interactions et la surcharge d'engagements créent un environnement isolé. Nous avons été choyés avec d'excellents professeurs qui ont sut donner de l'amour à nos enfants. Dans certaines occasions où Sophia et Mateas ont eu un enseignant avec lequel ils ne pouvaient pas connecter ou ne recevait pas d'amour de sa part, les enfants s'effondraient.

Les professeurs sont surmenés et ont trop d'élèves par classe, il devient donc difficile pour eux de se dévouer à chacun de leurs étudiants. Il est spécialement difficile à l'enseignant de connecter avec les élèves qui se débattent le plus. Ces étudiants poussent les gens loin d'eux continuellement. Personne ne comprend pourquoi ils agissent ainsi, mais la plupart du temps c'est à cause d'un manque d'amour quelque part dans leurs vies, et spécialement s'il y a eu un abandonnement quelconque dans leur enfance : un deuil, divorce, adoption, famille d'accueil, ou de la négligence d'un parent ou d'un gardien.

Les dépressions ont escaladé de façon alarmante chez les jeunes et beaucoup d'entre eux ont fait face au suicide. La santé mentale de nos enfants est en pleine crise. Des études sur la santé mentale des Américains ont démontré qu'en 2023, 16.39 % des jeunes entre 12 et 17 ans ont reporté avoir souffert d'au moins une Épisode Majeure de Dépression (MDE) durant l'année précédente.[5]

La prévalence de l'état de jeunes atteints de (MDE) varie entre 12.57% au New Jersey à 21.13% en Oregon. Notez bien que ces chiffres viennent seulement de cas de santé mentale *reportés*. Pouvez-vous imaginer combien de cas ne sont pas *reportés* parce qu'ils ne demandent pas d'aide? Je me souviens qu'en Alaska il était très difficile de trouver des prestataires de soin de santé mentale qui n'avait pas une longue liste d'attente. L'accès à différentes modalités de guérison étaient plutôt rares, spécialement pour nos jeunes. Lorsque je parlais avec d'autres parents, ceux avec des adolescents partageaient qu'au moins un de leur enfants se débattait avec une dépression. C'était alarmant pour moi que cela était devenu un schéma dans chaque famille. J'ai le cœur brisé et je suis confuse d'entendre leurs histoires. Plusieurs de ces jeunes voient un conseiller présentement.

Ma vue personnelle est que ça prend plus qu'une seule modalité pour les sauver, comme une collaboration. Les entourer de foi, d'amour, de passion, de créativité, d'espoir, de passion et de bon sens pourrait atténuer le problème.

La plupart des écoles n'ont pas de système de support pour ces enfants qui y passe six heures par jour. Plusieurs écoles

---

[5] Mental Health America, Youth Data 2023, https://mhanational.org/issues/2023/mental-health-america-youth-data.

pensent que ce n'est pas leur responsabilité de fournir des modalités pour la santé mentale. Les écoles remettent la pleine responsabilité sur les parents et leur disent que c'est *leur* bataille à mener. Cependant, nous savons tous que ça prend un village pour élever des enfants. Les parents ne peuvent pas le faire tout seuls, spécialement lorsque l'enfant se débat. Les écoles s'en lavent les mains parce que cette issue est écrasante et, probablement, qu'ils n'ont pas les ressources nécessaires afin d'incorporer un programme de santé mentale.

Mon rêve est de trouver une solution et de commencer à planter des graines dans les écoles. Pourquoi ne pas commencer à enseigner les modalités de soin de santé mentale aux niveaux élémentaire et secondaire? Enseignez-leurs les outils de réinitialisation du système nerveux et la résilience au stress. Aidons-les avec des affirmations et l'amour de soi-même. Entrainez-les à surveiller leurs pensées. Aidez-les à communiquer avec les autres étudiants et à créer des groupes avec ceux qu'ils connectent le mieux. Encouragez-les à créer dans les arts, la dance, la musique et l'écriture. Aidez-les à trouver leur passion et un sens à leur vie pour qu'ils se sentent aimé et connecté. Un groupe d'individus entrainés pourraient venir enseigner les étudiants et les enseignants. Nous pourrions offrir des séminaires aux professeurs pour qu'ils puissent apprendre ces outils et les incorporer pour leurs étudiants et eux-mêmes dans leurs classes. Les professeurs sont surchargés, sous-payés et ont besoin d'outils eux aussi. Ils peuvent perdre leur passion lorsqu'ils ne reçoivent pas de reconnaissance pour leur travail. Ils aident à élever la prochaine génération, alors pourquoi est-il si difficile de leur fournir ce dont ils ont besoin?

Un Dernier Message d'Une Amie

Je tiens à exprimer ma sincère gratitude à vous, le lecteur, pour avoir pris le temps de lire mon livre. Écrire ce livre fut une part de mon processus de guérison et je recommande à tous d'écrire à chaque jour. Même juste une note sur votre cellulaire peut aider à libérer les émotions. Seulement une pensée de gratitude peut aider à changer votre humeur; écrivez-la ou dites-la tout haut. Vous pouvez aussi écrire votre propre livre juste pour vous et pour votre processus de croissance. Je crois que la partie la plus difficile d'écrire ce livre fut l'édition et finalement décidé si j'étais prête à le publier. Publier ce livre au public m'a apporté un niveau de vulnérabilité qui a été tes difficile à surmonter. J'ai dû combattre des peurs intenses, trop réfléchir, et avoir peur de l'opinion et des jugements des gens. J'ai dû focusser sur le pourquoi, sur mon but et continuer à prier. Ceci m'a permis d'avoir confiance et de laisser-aller mes peurs, mon anxiété, et d'essayer d'éviter les éditions et les révisions.

J'ai choisi de ne pas être prisonnière de mes peurs. La peur aurait pu me paralyser pour m'empêcher de grandir et d'atteindre ma meilleure vie!

J'étais déjà au courant que la peur pouvait affaiblir mon système immunitaire, causer des dommages cardiovasculaires ou gastrointestinaux. J'avais déjà passée à travers tout cela auparavant: problèmes intestinaux, vulnérabilité aux virus, douleur aigues dans mon cœur, palpitations, perte de cheveux et mes cheveux grisonnants prématurément. Je ne laisserai plus la peur prendre contrôle sur ma vie. Je me rends à l'appel de Dieu.

J'ai confiance dans la promesse de Dieu de me rendre plus forte et je continue à prier à chaque jour.

Je vais continuer à évoluer et ceci n'est que le début de mon histoire. Je suis un livre ouvert maintenant car il y a un pouvoir immense à partager mon histoire. J'ai fait beaucoup de fautes durant mon parcours mais je ne les laisse pas me paralyser et m'empêcher de monter toujours plus haut.; ils ne m'empêcheront pas d'atteindre mon but. Je vais toujours être consciente de mon EGO; comme Wayne Dyer le dit si bien, « EGO veut dire (Edging God Out) mettre Dieu à la porte.»[6]

J'espère que mon encouragement vous aidera à creuser plus profondement pour savoir qui vous êtes et vivre votre vérité. Changez votre perspective journalière et soyez plus conscient de vos pensées. Reprogrammer vos pensées demande un dévouement journalier et de la persévérance. Je crois que Dieu a implanté une graine dans chacun de nous et que nous devons chercher à l'intérieur pour lui permettre de fleurir. Une fois que nous voyons notre but clairement, cette vision nous donne le courage et la force de facer les challenges tout au long du tra. Je vais nous tenir sur le bon sentier vers le chemin du bonheur. Si vous ne suivez pas votre but, la vie va

---

[6] Wayne Dyer on *The Quote of the Day Show* with Sean Croxton, episode 1530, "Dr. Wayne Dyer: 'Practice Being Kind Rather Than Right,'"https://seancroxton.com/quote-of-the-day/1490/.

vous rediriger jusqu'à ce que vous écoutiez votre âme. Manifestez votre acceptance et abandonnez-vous à la guidance de Dieu. Prenez Sa main et suivez Ses traces.

Wayne Dyer on *The Quote of the Day Show* avec Sean Croxton, épisode 1530

Avec cette foi en Dieu comme fondation, vous survivrez à travers les tempêtes.

Je vous envois avec de la gratitude. Aimez-vous profondément et recherchez la vérité. N'hésitez pas à me contacter. Je suis prête à être la source pour vous aider à partager votre histoire. Je ne suis pas une professionnelle mais une ressource et je serais honorée d'être la vôtre.

Avec Amour et Lumière,

Melissa

La vie est une série de tests qui, s'ils sont facés directement, nous donnent une plus grande force mentale et la tranquillité d'esprit. Apprenez à compter plus sur votre Père céleste pour sa guidance et sa compréhension. Remplissez vos moments vides d'amour pour Lui et vous réaliserez que vous n'êtes pas seul.[7]
—**Paramahansa Yogananda**

---

[7] Paramahansa Yogananda, "Paramahansa Yogananda, Chapters 1–5," *Royal Science of God-Realization: The immortal dialogue between soul and Spirit, A New Translation and Commentary*, (Los Angeles: Self-Realization Fellowship, 1999 Second Edition), 253.

A CELEBRATION OF
Life

Scott Allen Methven

August 8th, 1974 - March 13, 2022.

www.ingramcontent.com/pod-product-compliance
Lightning Source LLC
Chambersburg PA
CBHW071730120626
46550CB00002B/463